智能时代的财务管理及其信息化建设

赵　丽　陈熙婷◎著

汕头大学出版社

图书在版编目（CIP）数据

智能时代的财务管理及其信息化建设 / 赵丽，陈熙
婷著 . -- 汕头 : 汕头大学出版社，2023.5
　ISBN 978-7-5658-5001-1

　Ⅰ．①智… Ⅱ．①赵… ②陈… Ⅲ．①人工智能－应
用－财务管理－研究 Ⅳ．① F275-39

中国国家版本馆 CIP 数据核字（2023）第 071363 号

智能时代的财务管理及其信息化建设
ZHINENG SHIDAI DE CAIWU GUANLI JIQI XINXIHUA JIANSHE

著　　者：赵　丽　陈熙婷
责任编辑：邹　峰
责任技编：黄东生
封面设计：优盛文化
出版发行：汕头大学出版社
　　　　　广东省汕头市大学路 243 号汕头大学校园内　邮政编码：515063
电　　话：0754-82904613
印　　刷：三河市华晨印务有限公司
开　　本：710mm×1000mm　1/16
印　　张：14.5
字　　数：242 千字
版　　次：2023 年 5 月第 1 版
印　　次：2023 年 5 月第 1 次印刷
定　　价：88.00 元
ISBN 978-7-5658-5001-1

随着社会的不断进步与发展，以互联网、大数据、人工智能等为代表的智能时代已经来临。智能时代技术的不断发展与应用，正在对各行各业产生深远而广泛的影响，财务管理领域也不例外。

传统的财务管理工作主要是对财务会计报表上的数据进行综合性分析，根据这些数据来判断企业的盈亏，从而使企业制定或调整生产经营战略。在智能时代的背景下，不论是企业还是事业单位，其内部环境和外部环境都发生了巨大的变化，在财务管理方面对数据进行采集、整理及分析的方法已经突破了人工分析的局限性，正向着大数据、信息化的方向迈进。人工智能能够在基础财务管理工作中基本替代传统财务人员，能够让财务人员从机械性、重复性强，技术性较低的工作中解放出来，使其有更加充足的时间来学习专业知识。财务人员需要全方位掌握财务人工智能的工作内容及涉及的范围，持续拓宽自身专业知识面，在实践中同财务人工智能进行良好的合作，实现人机互补，从而为企业创造更多价值。

本书对智能时代背景下财务管理创新及其信息化建设进行了深入探讨。首先对财务管理的基本知识进行了介绍，分析了智能时代对财务管理工作的影响，提出了智能财务的建设思路。其次对我国企业、行政事业单位以及医院的财务管理及其信息化建设进行了探讨与论述，并提出了相应的建设建议。本书属于财务管理方面的书籍，为智能时代的财务管理研究提供了参考，对财务管理相关方面的研究者与从业人员具有学习和参考价值。

笔者水平有限，书中难免存在不足之处，望读者批评指正。

赵　丽　陈熙婷

2022 年 8 月

目录
CONTENTS

第一章　人工智能与财务管理

第一节　人工智能概述

一、人工智能的定义与研究内容

（一）人工智能的定义

"人工智能"这个词由美国达特茅斯学院约翰·麦卡锡在1956年提出，作为一种统称，人工智能用于指代体现出智能行为的硬件或软件。需要注意的是，不能一提到人工智能就想到机器人。人工智能与机器人是两个有联系又有区别的概念。机器人可以看作人工智能的一种智能产品形态。为了更好地理解人工智能这个概念，可以将人工智能按照能力延伸方向的不同划分为四个象限，如图1-1所示。

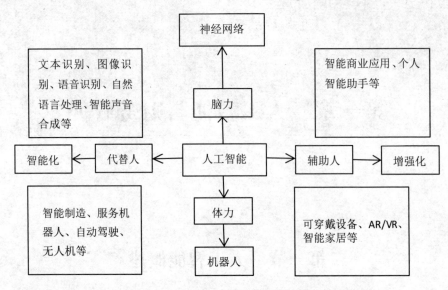

图 1-1　人工智能按能力延伸方向不同进行的分类

如果将目光聚焦于这张图的中间——人工智能，然后以此为中心，将人工智能的能力向水平和垂直两个方向进行延伸，则向上代表人的脑力，对应的行业术语叫作"神经网络"；向下代表人的体力，对应的行业术语叫作"机器人"；向左可以代替人，对应的行业术语叫作"智能化"；向右可以辅助人，对应的行业术语叫作"增强化"。由此，可以得到四个象限：在智能化和神经网络这个区域，人工智能的典型应用具体涉及文本识别、图像识别、语音识别、自然语言处理、智能声音合成等；在增强化和神经网络这个区域，主要涉及智能商业应用、个人智能助手等；在智能化和机器人这个区域，主要涉及智能制造、服务机器人、自动驾驶和无人机等；在增强化和机器人这个区域，主要涉及可穿戴设备、增强现实/虚拟现实（AR/VR）、智能家居等。由此可见，人工智能作为一门学科，具体指研究智能程序的科学；人工智能作为一项技术，具体指可体现出智能行为的硬件或软件。

（二）人工智能的研究内容

人工智能的研究具有很强的技术性和专业性，每个分支都是深入且不相通的，所涵盖的范围很广。人工智能的研究内容主要包括知识表示与自动推理、搜索方法与知识处理、机器学习与知识获取、计算机视觉与自然语言理解、自动编程与智能化机器人等。

二、人工智能的社会意义

（一）改变行为方式

人工智能首先会改变人们的行为方式，而人们行为方式的变化主要体现在以下四个方面。

1.改变劳动方式

目前，人工智能已在工业、农业以及物流等领域被广泛应用。它改变了过去传统的人力劳动的生产方式，由人工智能机器人代替人类的体力劳动甚至部分脑力劳动，实现了生产自动化和智能化。

2.改变生活方式

现在，人工智能已经渗透到人们生活的各个角落，为人们的生活提供了诸多方便。例如，苹果语音助手（Siri）等智能语音助手，不仅能够自主订酒店，还能根据用户的使用习惯创建快捷指令。

另外，人工智能的语音识别技术还能解决语言不通的问题。例如，科大讯飞的翻译机，不仅支持59种语言翻译，满足用户的不同需求，还能翻译国内多种方言，使用户实现跨地区无障碍交流。

3.改变交往方式

人工智能使得交通更加快捷，沟通和交流更加便利。在未来，借助智能交通工具，人们可以去以前因地理条件限制而无法到达的地方，行程和时间也进一步缩短。智能翻译系统和智能手机等通信工具让人们可以突破时空的限制，实现无障碍实时沟通和交流。

4.改变思考方式

人工智能会改变人们的思考方式。人们在遇到不懂的问题时，就在网上用搜索引擎查询，这使得人们越来越依赖智能搜索引擎，而不再主动思考和探索，对工具书的依赖程度也有所降低。虽然如此，人工智能也让人类的视觉、听觉等感官范围大为拓展，使得人们认识和感受到以前从未接触过的世界，这会导致人们传统固有的思维观念发生改变。

（二）促进社会发展

人工智能的诞生会促进社会的发展，主要表现在以下三个方面。

1.简化社会管理结构

人工智能是社会发展与进步的必要因素，给社会管理提供了便利。它采取公开公正的智能管理模式，也有利于人类文明的进步，使政府的社会管理能力更强，同时提高了管理效率。

人工智能在公共政务服务领域的应用越来越广泛，如智慧政务服务自助终端机通过自助终端智能刷脸或身份认证，实时查询近两百项审批事项的进度，可以快速办理社保、医疗、教育和养老等公共服务和便民服务事项，从根源上解决了人们的空间和时间限制问题，切实实现了让"数据多跑路、群众少跑腿"，让人性化的服务落到实处。智慧政务一体化的出现不仅简化了群众办理政务的步骤，极大地节省了群众办事的时间，真正实现了"简单事情简单办"，而且提升了政务服务中心人员的服务品质和形象。

2.提升社会治理水平

借助人工智能平台能够提高社会治理水平，所以人类作为社会治理的主体，要学会与人工智能共处，并适应不断变化的治理模式和管理结构。

为了进一步促进社会治理的公平公正，让更多的人民群众参与进来，在社会治理过程中，可以借助人工智能更强的数据计算能力为管理决策者提供更多的科学依据。与此同时，人工智能也促进了政府职能的转变，使得社会治理向智能化方向发展，推动政府公共服务面向人民群众。

3.创新社会关系

社会关系不仅指人与人之间的关系，还指人与社会环境之间的交流互动，以及人们获取资源、实现社会价值的过程。

人工智能让人与人之间的交流不再只依靠面对面或者书信的方式，而是通过优化移动通信、各种社交媒体和虚拟网络等方式，为人们打造更加开放、更加安全的社交环境，满足了人们在信息科技时代的交流需要。

（三）推动经济发展

科技的进步是影响产业结构变化的主要因素之一，人工智能技术的发展会带动产业结构的优化和升级，是经济增长的重要推动力。

1.推动传统产业的发展

人工智能具有强大的创造力和增值作用，它能够实现传统产业的自动化和智能化，从而促进传统产业实现跨越式发展，对产业多元化发展具有重要意义。例如，人工智能与传统家居的结合促进了智能家居的产生，人工智能与传统物流的结合促进了智慧物流体系的形成。

2.创造新的市场需求

人工智能带动了产业的发展，也相应地引发了新的市场需求。随着人工智能技术的深入发展和广泛应用，许多新的智能产品被生产出来，如智能音箱、无人机以及智能穿戴设备等，从而创造了市场需求，带动了经济增长。

3.催生新的行业和业务

人工智能的兴起和发展催生了一批新的行业和业务，对产业结构的升级产生了重大影响，改变了产业结构中不同生产要素所占的比例，推动了产业结构的优化。人工智能会取代部分劳动力，也会催生一大批新的职业和岗位，为人们提供新的就业机会。

（四）推动企业发展

人工智能在企业发展方面也发挥着一定的推动作用。

1.降低企业绩效管理成本

绩效考核是企业管理中一个非常重要的环节和组成部分。传统的绩效考核管理方法虽然行之有效，但需要耗费较高的人力成本。由于整个绩效管理过程都是由人工来完成的，这就不可避免地影响到考核结果的客观性和公正性。

人工智能的发展为企业的绩效管理提供了新的技术和方法，如指纹考勤打卡、人脸识别打卡以及软件打卡等。人工智能技术能够避免人为因素的干扰，使企业绩效考核更加客观、公正，从而提高绩效管理的效率。

在一些大企业中，已经有利用智能打卡机器人来进行通勤打卡、绩效考核的应用案例。智能打卡机器人通过摄像头扫描人脸信息，并与企业系统储存的员工信息和数据进行比对，识别身份后，会在机器屏幕上显示员工的信息，如姓名和工号。不仅如此，它还会对该员工进行语音问候，如"早上好""下班了，您辛苦了"。这样不但显得非常人性化，而且降低了绩效管理的成本。

2.降低企业生产成本

降低生产成本是企业增加利润的手段之一，人工智能机器设备可以取代人工进行简单重复的流水线作业，从而降低员工的雇佣成本。这样还能避免员工由于个人因素而导致工作失误，影响企业生产效率。因此，各大生产企业大力引进人工智能生产设备，推行自动化生产，降低生产成本。

3.降低企业人工成本

人工智能可以降低企业的人工成本。例如，在一些互联网企业中，通过人工智能技术开发的人工智能客服，可以实现24小时在线，节约人工客服成本。人工智能客服能够根据用户的问题进行自动匹配，为用户生成最佳方案，以解决用户的问题。

三、财务人工智能的应用领域

财务人工智能是将财务的管理理论进行模型化处理，再通过运用高科技信息进行匹配，把数据导入总的信息库或者以信息库的现存数据作为研究对象来分析，然后以最快的速度得到公司的经营报告，形成经营战略建议。财务人工智能技术着重模仿人类的财务操作和判断，同时在业务收入预测、风险控制和管理、反舞弊分析、税务优化等方面也有很大的应用空间。

目前在相关科技应用领域，财务人工智能有专家系统、模式识别、智能财务管理信息共享系统和人工神经网络模型四项内容。

（一）专家系统

从本质上来说，专家系统是在特定的专业领域拥有超高专业水平、理解能力的程序系统，就像通过早期的学习和积累，在业界已经具备较高专业素养的某个领域的专家一样，针对这一领域的问题，能够快速运用经验和知识给出建议，进而解决问题。从结构上来看，专家系统就像一个特定领域的信息库和一个能够被人类所利用的专业解题系统。它的核心项目是信息库的储备和反应机制，由智能的程序系统、信息库、推理机制、解释程序等项目的运作来获取程序。财务专家系统就是积累经验、获取数据、收集和储备知识的智能化程序系统，利用这个系统可以解决财务范围内的相关问题。它在一定程度上能够辅助财务方面的专家的工作，对一些财务管理的内容进行叙述，诊断问题、分析数据和验证原理，通过对财务管理环境、技术和理念进行综合利用而做出最终决策。它工作的思维方式就是从复杂到简单、从抽象到具体，把复杂的财务问题拆分为简单的问题，最后通过搜索、分析、归纳、总结使问题得以解决。财务管理专家系统能够使财务人员在决策方面更有信心、财务预算更符合实际、财务控制更到位、财务数据及数据分析更清晰，从而使财务管理更全面、更易掌控。

（二）模式识别

对事物表征的各种各样的信息进行归纳和汇总分析，然后对事物或特定现象进行叙述、分辨、归类和阐述的行为就是模式识别。当今社会，模式识别的方法有很多，其中最主要的方法是结构法和决策论方法。之后也出现了一些新的方法，如基于多元化大数据的多元图形基元、特征基元的模式识别法和粗糙集模式识别法等。模式识别在财务领域也得到了广泛运用，如能高效地分辨并描述财务目标和大环境，并能识别企业财务管理遇到危机的原因和影响，从而根据分析提出解决方案；在运营管理层面，能识别财务方面的主体行为及其对实现财务管理目标的作用；在资金的保管规划层面，能识别资金的筹划、支付及流动性；在财务风险规避和安全层面，能识别潜在的财务危机和隐患，从而建立有预防作用的模型，达到维护财产安全的目的。

（三）智能财务管理信息共享系统

为了达到快速有效处理财务工作的目的，人们将智能财务管理信息共享系统分为财务操作系统和财务查询系统。这样的系统使各部门可以通过浏览网站方便快捷地查询相关财务信息，降低了企业发布财务信息的成本。智能财务管理信息共享系统的出现，意味着财务管理变得高效、方便，其与网络技术完美结合，使各部门在任何地方、任何时间都可以一目了然地了解财务状况。

（四）人工神经网络模型

通过大量的处理单元对人脑神经系统进行模仿，仿照其工作结构和原理，通过各个链接方式组成的网络就是人工神经网络模型。其能够通过学习案例更新信息储备库、推理机制等，以达到帮助人们提高对外部世界的认识及进行智能管理的目标。它主要运用在优化、预测、归类等方面，包括对上市企业进行财务风险预测和预警、财务问题分析诊断、财务管理规划、缴税和评估、财务质量检测评估、风险投资项目分析评估、股票价格指数监测和分析评估、固有财产投资规划和分析预测、金融证券定价、经营方式选择等。当前，人工神经网络模型是人工智能研究领域的重点，它在经济与财务管理方面的成就已经引起了人们的特别关注。

四、财务智能化架构的要点

与传统财务信息化架构有所不同，财务智能化架构是建立在一系列智能技术基础之上的。在具体的财务智能化架构搭建时需要考虑以下要点。

（一）构建数据基础

数据是人工智能有效运转的基础。因此，在财务智能化架构搭建中，必须考虑构建可靠的数据基础。这个数据基础和传统信息化技术中的后台数据是不一样的。如图1-2所示，在这个数据基础的构建过程中，要兼顾结构化数据和非结构化数据。

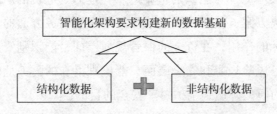

图1-2　智能化架构的数据基础

首先，对于结构化数据来说，需要对系统中所有具有业务含义的数据进行标签化，也就是说，要建立一个标签字典，用来结构化地重新定义系统中的每一个具有业务含义的字段，并在每一笔交易发生时，将交易中所包含的所有标签及标签值存储到数据层中。

其次，对于非结构化数据来说，需要采用大数据技术对其进行管理和存储，并基于应用场景尽可能地获取更为广泛的非结构化数据。

在构建了基于标签的结构化数据及非结构化数据的数据基础之后，无论是后续基于规则引擎的自动化处理，还是基于机器学习引擎的智能化建设，都具备了基础条件。这对于财务智能化来说是一个重要的改变。

（二）构建智能技术引擎

在有了数据基础之后，财务智能化平台的转型还需要一系列智能技术引擎的支持，如图1-3所示。

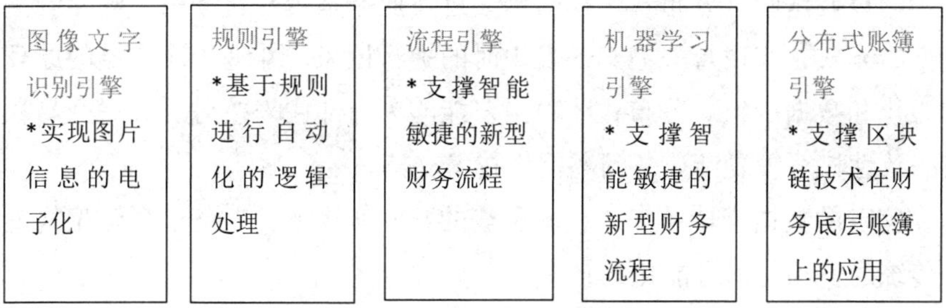

图像文字识别引擎	规则引擎	流程引擎	机器学习引擎	分布式账簿引擎
*实现图片信息的电子化	*基于规则进行自动化的逻辑处理	*支撑智能敏捷的新型财务流程	*支撑智能敏捷的新型财务流程	*支撑区块链技术在财务底层账簿上的应用

图1-3 智能技术引擎

第一，图像文字识别引擎。财务的大量数据是以实物形态存在的，如发票、合同等。虽然这些原始凭证正在向电子化方向发展，但在现阶段，实物仍然是其主要形态，而这些实物中蕴含着大量财务信息，是后续智能应用的基础。要提取这些信息，除了通过人工录入或者采取众包模式外，还可以运用光学字符识别（Optical Character Recognition，OCR）技术。运用OCR技术，能够批量高效地对图像中的财务信息进行提取。需要注意的是，传统的OCR技术并不是很成熟，识别率较低，基于深度学习的OCR引擎有所改进。

第二，规则引擎。规则引擎能够以标签为基本元素，通过特定的语法对控制规则进行表达和封装，形成一个个规则包。这些规则包从业务角度来看，能够替代一部分人工进行系统自动化审核控制。规则引擎技术本身并不复杂，难点在于进行清晰的标签定义和管理、梳理和拆解规则以及基于标签定义规则。例如，对于简单的差旅费报销来说，其涉及的标签可能多达数百个，需要数十个规则来进行组合审核。

第三，流程引擎。流程引擎虽然在传统的财务信息化架构中得到了广泛应用，但在智能化要求下，流程引擎需要具有更强的灵活性和扩展性，以支持在智能应用中更为复杂的后台任务路径分流。流程引擎技术本身需要引入机器学习技术，以逐渐实现流程的智能化流转管理，如在共享派工时实现更为灵活和均衡的智能派工。

第四，机器学习引擎。机器学习引擎是人工智能技术的关键组件，能够将一系列算法进行封装，并形成标准化的输入和输出。机器学习引擎能够通过对带有特征和标签的大量历史数据的学习自主发现规则或算法，并将这些规则或算法应用于财务工作场景中，实现对人工的辅助或替代。机器学习引擎是财务信息化从自动化向智能化迈进的关键一步。

第五，分布式账簿引擎。分布式账簿引擎可以理解为实现区块链在财务领域应用的重要基础。分布式账簿引擎通过在业务系统与财务系统建立统一的底层账簿的方式，实现每一笔交易发生时的平行记账，并基于区块链的原理实现去中心化和数据一致。分布式账簿引擎能够为内部往来核对、关联交易核对、业财一致性核对等复杂业务问题提供技术支持。

在完善的数据支持及多个技术引擎的共同作用下，财务信息化架构能够实现从传统的自动化向智能化的转变。

第二节　人工智能技术对财务管理的推动

一、机器人流程自动化技术对财务管理的推动

（一）机器人流程自动化技术的概念及特点

机器人流程自动化（Robotic Process Automation，RPA）是一种基于软件机器人和人工智能概念的计算机脚本语言，是用于实现用户界面的自动化技术的软件工具。RPA具有多功能、跨应用的特点，可以执行删除重复、复制等任务，以此达到帮助员工提高效率的目的，还可以连通企业内外部信息系统，使数据的集成和拿取简单便捷，以此提高用户的体验感。

RPA擅长模仿人工操作方式完成大量重复性工作，其具有以下技术特点。第一，持续工作。RPA可以全天24小时运行，大大提升了企业财务管理工作的效率。第二，规则明确。前期工作人员需要编写基于明确规则且能够完整运行的脚本，促使RPA持续运行。第三，以外挂形式存在。RPA在另外的系统中运行，不会改变企业的架构。第四，强大的模仿能力。RPA按照人工操作方式来运行。

（二）RPA财务机器人的概念及功能特点

财务机器人是RPA技术运用于财务领域的产品，它可以模拟财务人员的工作流程并进行自动化操作，适合代替工作人员完成工作量大、规则明确、重复率高的基础业务内容。人们把RPA财务机器人当作财务部门的虚拟会计，将其放置在特定的流程节点进行自动化工作。

结合RPA的功能和特点，RPA财务机器人的功能可以归纳为以下几点。第一，数据检索与记录。计算机模拟财务人员常规人工操作的流程，并将其记录下来，在相关类似的业务发生时自动触发所需要数据的检索与记录。第二，图像识别与处理。RPA财务机器人借助OCR技术自动扫描、识别凭证等文件，并提取出与业务相关的文字、数据，再经过系统筛查，留下可以用于自动化处理的数据。第三，平台上传与下载。RPA财务机器人根据预定的运行脚本自动登录企业内外部信息系统，完成相关财务信息的上传与下载。第四，数据加工与分析。RPA财务机器人对于搜索和下载到的数据自动进行筛选、审查、计算和分析。第五，信息监控与产出。RPA财务机器人可以通过模拟人类判断，实现工作流分配、标准报告出具、基于明确规则的决策、自动信息通知等功能。

RPA独有的技术特点使得RPA财务机器人比较擅长处理大量重复的业务内容和基于明确运行规则的模拟人工操作的流程。RPA财务机器人有以下技术特点。第一，进行简单的重复操作，如相关数据的检索、下载、录入和审查等。第二，处理量大且易错的业务，如报销票据的审核、增值税专用发票的验证、与往来单位或银行的对账等。第三，系统内嵌的多个异构系统不会改变系统。第四，采取7×24小时工作模式，弥补了财务人员工作精力及工作时间有限的不足，适合企业7×24小时的业务。

（三）机器人流程自动化是实现智能财务的第一步

在财务管理领域，RPA技术基本覆盖了财务运营管理的方方面面，如账单管理、报表管理、预算管理、信用管理、税务管理、流程控制等。各个企业流程的规范化、标准化程度不同，RPA技术应用的范围也不同。

RPA技术仍然不是真正的智能财务。RPA技术应用的实现基础依然是传统流程规则的明确，它是针对企业现有信息系统提供的外挂自动化软件，对企业已经存在的系统、应用和流程不会有任何影响，而只是把需要人工操作的部分变成由机器代替人来操作。

智能财务实现的基础是机器的自我学习、自我认知能力。RPA技术不仅仅是基于明确规则的自动化机器人，而且综合运用了人工智能的多项最新技术，如图像识别技术、语音识别技术、自然语言处理技术、语义解析技术、规则与流程引擎技术、机器深度学习技术等人工智能相关技术，为企业提供多场景、全方位的智能财务服务。以实际的应用场景为例，真正的智能财务机器人不仅要能自动化执行相关操作，如自动生成凭证、自动对账、自动月结、自动付款、自动报税等，还要具备自我学习、自我纠正的能力，通过自我学习使自身功能更加强大。

从人工智能在企业财务管理中的应用过程来看，要实现企业财务运营智能化，先后需要经过业务流程自动化、机器人流程自动化、自然语言识别、智能或认知计算、模型化等几个阶段的发展与沉淀。RPA技术的应用与积累是企业实现财务运营智能化的关键。

二、光学字符识别技术对财务管理的推动

（一）光学字符识别技术的概念

光学字符识别是通过扫描等光学输入方式将各种票据、报刊、书籍、文稿及其他印刷品的文字转化为图像信息，再利用文字识别技术将图像信息转化为可以使用的计算机输入技术，可应用于银行票据、文字资料、档案卷宗、文案的录入和处理领域，适合银行、税务等行业大量票据表格的自动扫描识别及长期存储。对于一般文本，通常以终极识别率、识别速度、版面理解正确率及版面还原满足度四个指标作为OCR技术的评测依据；对于表格及票据，通常以识别率或整张通过率及识别速度作为OCR技术的测定标准。由于OCR技术是一项与识别率相关的技术，因此如何除错或利用辅助信息提高识别正确率是其最重要的课题。而根据文字资料存在的媒体介质及取得这些资料的方式不同，就衍生出各式各样、各种不同的应用。

OCR技术可以说是一种不确定的技术，其正确率就像是一个无穷趋近函数，其趋近值只能靠近而无法达到。其涉及的因素众多，如书写者的习惯或文件印刷品质、扫描仪的扫描品质、识别的方法、学习及测试的样本等都会影响其正确率。OCR产品除了需要有一个强有力的识别核心外，其操作使用方便性、所提供的除错功能及方法也是决定其质量的重要因素。一个OCR识别系统的目的很简单，即将影像进行转换，使影像内的图形继续保存，有表格则将表格内的资料及影像内的文字一律变成计算机文字，使影像资料的储存量减少、识别出的文字可再使用及分析，当然也可节省因键盘输入而耗费的人力与时间。

（二）光学字符识别技术在财务领域的应用

目前，OCR技术在财务领域的应用主要分为以下两个模块。

1.识别确认模块

OCR识别的基础工作为定义、识别引擎模板。模板根据位置、识别区域来确定影像中要转换为电子信息的内容，通过标示项由引擎自动定位影像区域，模板定义时可对识别内容进行校正。识别模板可以识别影像文件中的任何内容。OCR识别发票代码、号码、日期、金额、税额、购买方税号、销售方税号七个识别项后，形成结构化数据，用于认证、记账等流程。

2.记账应用模块

在财务共享中心利用OCR识别结果可提高记账信息集成度，提高记账效率和质量。财务共享中心模板通过使用OCR识别结果在初始生成凭证预制信息时，会对行项目中的税行进行预录入，按照识别信息逐行生成"应交税费——增值税"等行项目，并写入税额、税码信息，完全替代人工维护"应交税费"行项目。

第三节　智能时代财务管理新逻辑

一、财务组织与认知的新逻辑

财务组织与认知是财务主体的"躯干"与"心智"，当智能时代来临时，人们首先要强身明智，认识到财务组织与认知在智能时代的改变是财务智能化变革的基础。下面从管控、组织、知识、观念四个方面来分析财务组织与认知的新逻辑。

（一）管控：局部与全面

现代财务管控受到组织壁垒的制约，从集团到业务板块，到专业公司，再到机构，不同层次之间存在着无形的数据壁垒。数据是实施集团管控的关键，而数据壁垒的存在让管控的力量层层衰减。智能时代的数据将实现高度的集中和透明，数据无边界将成为可能。当数据壁垒被打破时，财务管控势必将从局部走向全面。这是智能时代管控的新逻辑。

（二）组织：刚性与柔性

现代财务组织建立在刚性管理的基础上，泰勒的科学管理理论将人看作"经济人"和"会说话的机器"，强调组织权威和专业分工。刚性管理依靠组织制度和职责权力，管理者的作用在于命令、监督和控制。而智能时代需要的是更多的能动与创新，"会说话的机器"将被人工智能这个"真的机器"所替代。智能时代更需要柔性管理，柔性管理擅长挖掘员工的创造性和主观能动性，依靠共同的价值观和组织文化调动员工的高层次主导动机，实现智能时代管理所需要的跳跃与变化、速度与反应、灵敏与弹性。这是智能时代组织的新逻辑。

（三）知识：深度与宽度

现代财务管理对财务人员的要求首先是具备专业的纵深拓展能力。财务管理本身涉及会计、税务、预算、成本等多个垂直领域，很多财务人员多年围绕一个纵深领域从事相关工作，也因此使自身形成了在某一领域很强的专业能力。但在智能时代，财务管理的视野被极大地拓展，人工智能辅助财务人员形成跨专业领域协同创新的新知识体系。如图1-4所示，在智能时代，适度的专业深度和专业宽度所形成的"T"字形知识结构将更具有价值。这是智能时代知识的新逻辑。

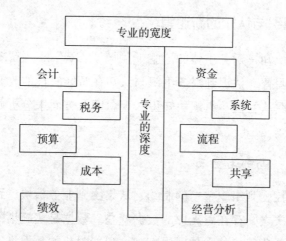

图1-4 "T"字形知识结构

（四）观念：被动与主动

一些财务人员的观念在潜意识中偏被动，虽然认为自己需要用严谨的态度去处理和解决问题，但也常常认为财务是"后台"角色，做好自己的事情，有问题能解决就可以了。这些都是典型的被动观念和思维。在这种认知和定位下，财务人员能够掌握的资源就会极其有限，难以起到很好的管理作用。智能时代更多地强调财务基于大数据和智能分析的主动发现和管理能力。财务人员要实现这样的观念转变，就需要从被动响应变化转变为主动迎接挑战。这是智能时代观念的新逻辑。

二、财务管理技术的新逻辑

财务管理技术是财务主体的脉络。好的财务管理技术能够让财务主体运转得更具活力。财务管理技术的逻辑转变让财务人员能够触及更广阔的管理技术领域，获得更先进和更有价值的管理技术工具。下面从数据、计算、记录、流程、互联五个方面来分析财务管理技术的新逻辑。

（一）数据：小与大

传统财务管理的数据处理和数据分析都是建立在结构化数据基础上的，也可称之为"小数据"。这是人们最擅长的领域。传统财务分析领域的技术工具也多是基于"小数据"的。对财务来说，即使在智能时代，"小数据"也是不可舍弃的核心，毕竟太多的财务管理理论都是建立在结构化数据基础上的。在手握"小数据"工具的同时，人们还要高度重视大数据，基于大数据的技术工具，让海量非结构化数据的处理成为可能，这能够帮助人们突破传统思维的局限，探索出一片广阔的新大地。这是智能时代数据的新逻辑。

（二）计算：本地与云端

传统的信息系统或者说计算多是构建在本地部署基础上的，从用户的角度来看，本地部署模式能够更加灵活地匹配管理需求，更好地支持按需建设。但随着本地部署量的增大，其带来的负面影响是持续高昂的运维成本，以及大量资产的占用。这些问题在传统时代由于算力有限，并非亟须解决，而在智能时代，大数据和机器学习对算力的要求较高，传统的本地部署模式势必受限，云计算将成为首选，无论是公有云、私有云还是混合云，走向云端成为必然。这是智能时代计算的新逻辑。

（三）记录：集中与分布

传统财务管理的信息记录采用的是集中记录的方式，或者说"有中心"的记录方式。这种方式的好处是数据存储量小，不会产生大量的资源消耗，但数据的安全性及一致性并不是很高。因此，很多企业常见的财务问题是业财不一致，或者可以解释成不同系统之间的同源数据不一致。而在智能时代，随着区块链技术的出现，记账方式发生了革命性的改变，从原来的集中记账转变成分布记账，将财务信息进行去中心化的多账本同步记录。虽然这种财务信息记录模式会造成大量的数据冗余，但网络和存储模式的快速发展克服了这一不足，信息记录从集中到分布将有越来越多的应用场景。这是智能时代记录的新逻辑。

（四）流程：稳健与敏捷

为保持传统财务管理端到端流程的可靠性，人们通常进行流程的固化。在业务流程相对稳健的模式下，流程的可靠性和维护的便利性得到增强，但丧失了较多的灵活性以及对用户需求响应的及时性，从而造成用户满意度下降。在智能时代，更为高效的流程引擎能够支持维度更加丰富的流程控制，人们能够基于对动态数据的分析及时调整流程控制参数。同时，流程中智能自动处理的环节在增加，流程变动并不会给运营造成过大压力。在这种情况下，适度地将流程从稳健向敏捷转变成为可能，也能赢得用户的青睐。这是智能时代流程的新逻辑。

（五）互联：数联与物联

传统的财务管理关注数字之间的联系，无论是流程处理还是经营管理都更多地关注数字流转。在数联时代，人们将一系列经营管理过程及流程转换为数字形态，从而展开量化管理。而在智能时代，人们可以在数联的基础上引入物联。随着物联网应用的逐渐展开，企业经营中的关键实物、运输、人、财务凭证等的流动都可以打上物联标签，如将物流信息进一步转换为数字信息，人们可以通过数字进行进一步分析，引入在没有物联时难以关注到的管理视角和复杂的物流运输成本管理等。物联并不是排斥数联，这里强调的是将物联转换为数联，在数联里加上物联的信息。这是智能时代互联的新逻辑。

三、财务管理实践的新逻辑

财务管理实践是财务主体的"手足",手足敏捷能够使财务主体变得更加刚劲有力。财务管理实践的逻辑转变能够让人们在实践工作中引入不同的视角,通过另一种模式对现有的实践进行转换和升级。下面从绩效、预算、管会、控本、业财、共享、财资七个方面来分析财务管理实践的新逻辑。

(一)绩效:因果与相关

在传统的财务管理中,绩效管理通常会预先设定因果,通过设定关键绩效指标(Key Performance Indicator,KPI),并设定目标值来监控业务部门的执行情况。当KPI结果发生偏离时,势必要找到原因,再进一步寻求解决办法。这是典型的因果分析法,也是当下主流的绩效管理思维。但在智能时代,大数据并不强调因果关系,而更关注相关性,这为经营分析打开了另一扇窗。基于大数据分析,人们从数据角度找到KPI偏离的影响因素,直接对这些因素进行干预管理。这是智能时代绩效的新逻辑。

(二)预算:经验与数配

传统的财务预算编制或资源配置往往基于经验,即使采用复杂的作业预算概念,其中的业务动因也大多是基于经验形成的。因此,传统预算从一定程度上来看是一种经验预算。这种经验预算对预算编制人员的经验要求很高,并且其结果很不稳定,往往在预算沟通过程中会有很大的弹性空间。同时,沟通双方都很难找到合适的逻辑说服对方。而在智能时代,人们依靠大数据的可预测性,通过分析数据,从结果出发,能够找到影响经营结果的热点因素。通过确定这些热点因素的资源投入,实现精准预算或精准资源配置的过程称为数配。这是智能时代预算的新逻辑。

(三)管会:多维与全维

传统管理会计的核心部分就是维度,而维度往往又是很多管理会计的不足之处。在当前模式下,管理会计要实现多维度盈利分析的目标,关系型数据库的性能早已无法支持,多维数据库成为当下管理会计系统数据载体的主流。即使这样,在管理会计中,人们也极其谨慎,减少一切不必要的维度,以提高运行效率。而在智能时代,无论是算力还是数据处理模式都有了更大的提升空间。虽然当下相关技术还未实现突破，但相信在不远的将来，维度的组合计算将不再是约束，全维管理会计将成为可能。这是智能时代管会的新逻辑。

（四）控本：后行与前置

传统的财务成本管控往往是在成本发生后进行的事后追踪。即使往前推进一步，做到阶段成本管理，也是必要的，是能够发挥作用的。而随着智能时代技术的进步，成本、费用被细分为一个子类，针对不同子类都可以进一步延伸，建立专业的前端业务管理系统，如商旅管理系统、品牌宣传管理系统、车辆管理系统、通信费管理系统等。这些前置业务系统和财务系统之间无缝衔接，将成本费用的管理前置到业务过程中。这是智能时代控本的新逻辑。

（五）业财：分裂与融合

传统的业务系统和财务系统之间存在一定的分离情况，业务系统通过数据体外传递的方式完成和财务系统的数据对接。随着业财融合的深入，出现了单个业务系统在体内自建会计引擎并对接财务系统的模式，但多个系统之间仍然是分裂的。在智能时代，会计引擎应对复杂性的能力有所提升，能够逐步建立起大型企业内部统一的会计引擎，并作为载体融合多个前端差异化的业务系统，从而实现业财对接从分裂到融合的转变。这是智能时代业财的新逻辑。

（六）共享：人工与智控

当下的财务共享服务采用的是典型的劳动密集型运营模式，将分散的财务作业进行集中处理。这种模式曾解决了国内企业在会计运营成本和管控能力上所面临的问题，但劳动密集本身也存在着成本和操作风险。在智能时代，基于人工智能和机器学习的共享作业将逐渐取代人工作业。基于前端数据的采集，依托智能规则，可以大幅降低财务共享服务中心的作业人力，使其从劳动密集型运营转变为技术密集型运营。依托人工智能，企业可以在智能作业时开展多种形式的智能风控。这是智能时代共享的新逻辑。

（七）财资：平面与立体

在传统的财资管理系统中更多的是平面化的财资管理。平面化的财资管理是指将财资管理的重点放在账户管理、资金结算、资金划拨、资金对账等交易性处理流程上。这也是很多国内企业目前资金管理的基本状况。而在智能时代，随着人们对复杂的资金管理模式技术支持能力的增强，财资管理逐渐从平面走向立体。一方面，财资管理从交易处理模式转型为复杂的司库模式，在资产负债和流动性管理、风险管理领域进行更为丰富的实践；另一方面，财资管理从企业内部资金管理模式向供应链金融模式转变，构建起多维度立体的财资管理体系。这是智能时代财资的新逻辑。

　　以上就是智能时代财务管理的新逻辑，也是构建智能时代财务管理体系的思想基础。智能时代已经到来，只有从思想上做好准备，才有可能适应时代的发展。

第二章　智能财务分析

第一节　智能财务概述

一、智能财务的内涵

智能财务是指将以人工智能为代表的"大智移云物区"等新技术运用于财务工作，对传统财务工作进行模拟、延伸和拓展，以改善财务信息质量，提高财务人员工作效率、降低财务人员工作成本、提升财务人员合规能力和价值创造能力，促进企业财务在管理控制和决策支持方面发挥作用，通过财务的数字化转型推动企业的数字化转型进程。下面从四个方面阐释智能财务的内涵。

（一）智能化场景设计和新技术匹配运用是智能财务的本质

财务领域中智能化应用场景的精心设计和"大智移云物区"等新技术的匹配运用，是智能财务的本质所在。以人工智能为代表的"大智移云物区"等新技术，主要包括大数据、人工智能、移动互联网、云计算、物联网和区块链等。其中，大数据是以容量大、类型多、存取速度快、应用价值高为主要特征的数据集合，正快速发展为对数量巨大、来源分散、格式多样的数据进行采集、存储和关联分析，从中发现新知识、创造新价值、提升新能力的新一代信息技术和服务业态。大数据技术首先是发挥存储和计算功能，然后是洞察数据中隐含的意义，前者依赖硬件设备的升级，后者依赖数据挖掘算法的不断优化创新。人工智能是研究、开发用于模拟、延伸和拓展人的智能的理论、方法、技术及应用系统的一门新的技术科学，其主要发展方向为感知智能、运算智能和认知智能。感知智能模拟人类视觉、听觉和触觉等感知能力；运算智能模拟人类大脑的快速计算和记忆存储能力；认知智能模拟人类大脑的概念理解和逻辑推理能力，有助于进一步形成概念、意识和观念。移动互联网是移动通信和互联网的结合，同时拥有移动通信的随时、随地和随身等便利特性，以及互联网的分享、开放和互动等社交特性。云计算是一种基于互联网的计算方式，其可以将共享的软硬件资源和信息按需提供给计算机和其他设备。广义上的云计算包括后台硬件的云集群、软件的云服务和人员的云共享等不同形态。物联网是指通过二维码识读设备、射频识别装置、红外感应器、全球定位系统和激光扫描器等信息传感设备，按约定的协议，把任何物品与互联网相连接，进行信息交换和通信，以实现智能化识别、定位、跟踪、监控和管理的一种网络，主要实现物品与物品、人与物品、人与人之间的互联。区块链是分布式数据存储、点对点传输、共识机制、加密算法等计算机技术的新型应用模式，其核心特点是实时共享、可追溯和不可篡改。

（二）智能财务共享平台建设和新型财务管理模式构建是智能财务的落脚点

智能财务的建设过程应着重聚焦两个落脚点——智能财务共享平台的建设和新型财务管理模式的构建，主要包括业务流程设计、共享平台设计、财务组织规划和财务制度设计四项内容。其中，智能财务共享平台的建设需要从业务流程梳理和优化出发，落脚于智能财务共享平台的开发和运用，以实现智能财务建设过程中的业务驱动财务、管理规范业务和数据驱动管理三个目标；新型财务管理模式的构建，通过财务组织的重新架构、职责权限的重新划分、财务岗位的重新界定、财务人员的转型提升和管理方式的重新选择，借助智能财务共享平台和配套制度的保障，来实现会计职能转型。

（三）对传统财务工作的模拟、延伸和拓展是智能财务的实质

模拟是指模仿现成的样子，如会计核算软件中记账凭证、账簿和报表的半自动或自动生成，就是对传统会计核算工作的模拟；延伸是指在宽度、大小、范围上向外延长、伸展，如智能财务不受数据收集和整理能力的限制，可以核算到最小经营单元的损益和投资收益；拓展是指在原有的基础上，增加新的内

容，是质的变化而非量的变化。智能财务中的大数据分析更多的是运用数据的聚集效应和数据之间的关联关系来寻找数据本身所蕴含的经济规律，是对传统财务工作的拓展。

智能财务对传统财务工作的模拟，包括证、账、表等会计核算的自动化，以及财务分析报告的半自动或自动生成，可大幅提升财务人员的工作效率，提高财务会计信息的质量，同时大幅降低财务管理成本。智能财务对传统财务工作的延伸，包括资金管理、资产管理、税务管理、预算管理、成本管理、投资管理和绩效管理等方面的精细化和前瞻性，可大幅提升财务规划指导和财务规范管理的效率。智能财务对传统财务工作的拓展，包括相对固定的管理会计报告和基于大数据的分析应用，可大幅提升财务部门对业务部门和管理部门以及企业高层领导部门决策的支持能力，促使财务人员实现从本位思考向换位思考和全局思考的转换。促进财务工作效率的提升，使财务工作更好地服务于业务工作和管理工作是智能财务的目标。

二、智能财务的特征

智能财务具备以下五个特征。一是全面共享，包括整个企业对于智能财务相关平台、智能财务相关数据、智能财务相关人员和智能财务相关组织的共享。二是高效融合，在政策、规则、流程、系统、数据和标准统一的基础上，实现企业中业务、财务和管理的一体化融通。三是深度协同，在新型财务管理模式下，基于智能财务相关平台，实现财务专业分工、各级财务组织以及业务、财务、管理各部门之间的深度协同。四是精细管理，借助智能财务建设的契机，采集最小的交易数据和过程数据，实现基层业务单元层面和流程环节层面的精细化管理。五是力求智能，智能财务建设应注重体现智能财务本质特色的智能化应用场景设计（以下简称"智能化场景设计"）和相应新技术的匹配运用（以下简称"新技术匹配运用"）。

三、智能财务的构建逻辑

智能财务的目标是促进财务工作的提升，更好地服务于业务工作和管理工作，这就有必要针对财务工作任务逐一确定智能财务的工作目标，并进一步探讨财务工作目标的实现方式，包括智能化场景设计和新技术匹配运用。基于此，笔者认为可按表2-1所示的内在逻辑进行智能财务构建，涵盖财务工作任务、财务专业分工、智能财务工作目标、智能化场景设计和新技术匹配运用等核心内容。

表2-1　智能财务的构建逻辑

财务工作领域		财务会计		管理会计							
财务工作任务		会计核算	财务会计报告	资金管理	资产管理	税务管理	预算管理	成本管理	投融资管理	绩效管理	管理会计报告
财务专业分工	战略财务	规划指导 / 决策支持									
	业务财务	过程管控 / 服务业务									
	基础财务	交易执行 / 操作控制									
智能财务工作目标		成本 / 效率 / 协同 / 质量 / 全面 / 精细 / 实时 / 灵活 / 合规 / 安全									
智能化场景设计		感知智能 / 运算智能 / 认知智能									
新技术匹配运用		"大智移云物区"等									

第二节　智能财务的构成要素与基本框架

一、智能财务的构成要素

（一）技术应用视角的构成

财务领域中智能化应用场景的精心设计和"大智移云物区"等新技术的匹配运用，是智能财务的本质所在。从技术应用视角来看，智能财务由智能化场景的设计和新技术的匹配运用两个要素构成。其中，智能化场景的设计基于针对具体财务工作任务的智能财务工作目标，依赖对"大智移云物区"等新技术的精准匹配运用，重在精心构思和巧妙设计。这些新技术包括但不限于"大智移云物区"，可能涉及的新技术可参见高德纳咨询公司每年公布的"十大战略科技发展趋势"，以及我国相关部门公布的"影响中国会计人员的十大信息技术"中的候选技术。

（二）建设思路视角的构成

智能财务的建设是一个复杂的系统性工程，需要考虑的各类事情众多，需要梳理的各类关系复杂。但其核心落脚点有两个：一是智能财务共享平台的建设，二是新型财务管理模式的构建。其中，智能财务共享平台的建设重在将业财管一体化业务流程嵌入智能财务共享平台，功能范畴应同时覆盖实务中财务会计和管理会计两个财务工作领域。智能财务共享平台可划分为智能财务会计共享平台、智能管理会计共享平台和大数据分析应用平台，分别聚焦财务会计工作领域中的工作任务、管理会计工作领域中的单项管理会计工作任务以及管理会计工作领域中的交叉、综合和复杂的管理会计工作任务。新型财务管理模式的构建重在智能财务组织的构建和智能财务运行规则的构建，组织范畴应同时覆盖企业各级财务组织。新型财务管理模式的构建包括模式选择、模式设计和模式落地运行等重点工作，应基于智能财务共享平台，围绕管理会计落地和财务职能转型进行，也应符合本企业经营管理的实际情况。

（三）建设工作视角的构成

智能财务两个核心落脚点的具体实现，即智能财务共享平台的建设和新型财务管理模式的构建，依赖智能财务建设过程中四项具体建设工作的实际开展。一是智能财务组织的规划、设计和架构。二是智能财务相关业务流程的规划、设计和执行。三是智能财务平台的规划、设计和落地。四是智能财务相关的制度体系的规划、设计和运行。智能财务建设是一个全新的探索性工作，人们对于智能财务及其建设的认识是逐步深入和明晰的。在智能财务实际建设过程中，每项建设工作都有不同的工作阶段。这四项建设工作既相对独立又紧密关联，彼此间往往交叉进行。在智能财务建设实际工作中，需要具体关注和做好财务组织规划、业务流程设计、共享平台设计和制度体系设计这四项建设工作，还需要关注和理顺这些建设工作之间的关联关系，以便恰当安排智能财务建设各项工作的进度，合理配置智能财务建设各类资源。

二、智能财务的基本框架

智能财务的基本框架如图2-1所示。

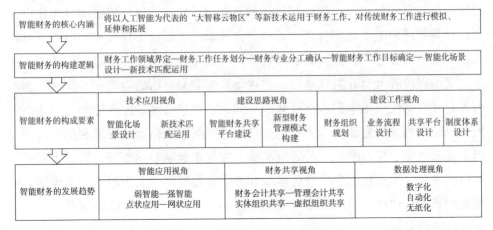

图2-1　智能财务的基本框架

第三节　智能财务的建设思路

一、智能财务建设的总体思路

智能财务建设是财务领域的一场重大变革，是新技术运用推动的财务管理变革，不仅涉及创新型智能财务共享平台的建设，更重要的是，还要在智能财务平台的支持下实现财务转型，构建新型财务管理模式。

（一）智能财务建设的定位

为满足财务工作提升需要、企业数字化转型需要和行业高质量发展需要，应探索智能财务建设，将其作为企业整体数字化建设的重要组成部分和首要突破口，在助力财务转型、新型财务管理模式构建的同时，推动企业整体数字化的发展进程，并通过财务管理水平的提升带动企业整体管理水平的全面提升。

（二）智能财务建设的目标

智能财务建设旨在达成以下三个目标。一是财务层面，立足于业务驱动财务，借助智能财务会计共享平台，实现会计核算的标准化和自动化、资金结算的集中化和自动化、资产盘点和对账的自动化、税务计算和申报的自动化以及会计档案管理的电子化和自动化，提升企业财务人员的工作效率和财务信息的质量，推动财务工作从核算型转向管理型。二是业务层面，立足于管理规范业务，借助智能管理会计共享平台，实现预算编制和分析的自动化、预算控制的前置化和自动化、成本归集和计算的自动化、项目管理的标准化和过程化以及税务风险检测的智能化，以更好地支持业务开展、规范业务管理和强化过程控制，提升企业管控水平。三是管理层面，立足于数据驱动管理，借助大数据分析应用平台，通过建立多维分析模型和数据挖掘模型，实现服务业务经营、精细协同管理、辅助决策支持和全面风险评估，促进企业数字化转型升级，推动企业高质量发展。

（三）智能财务建设的原则

智能财务建设需充分体现智能财务的五大特点，即全面共享、高效融合、深度协同、精细管理和力求智能，除此之外还需遵循以下四项原则。一是系统性原则。智能财务建设涉及智能财务共享平台和大数据分析应用平台的建设，与业务经营管理平台、大数据基础平台和外部交易管控平台的对接，以及对业务经营管理平台的改造提升，有必要进行系统化规划设计。二是前瞻性原则。智能财务建设的整体规划设计和具体方案设计，应根据财务信息化发展趋势，基于智能财务研究和建设的现状与未来发展，面向企业高质量发展和管理需要，对智能财务建设开展探索性研究。三是先进性原则。在智能财务建设的过程中，最能体现智能财务本质特色的是针对不同财务工作任务设计智能化应用场景，然后针对不同智能化应用场景探索新技术的匹配运用，这就要求企业精心设计智能化应用场景，且保证技术运用的先进性。四是可行性原则。智能财务建设的整体规划设计和具体方案设计应基于企业财务管理现状和实际工作需要进行，恰当选择和运用新技术，保证智能财务共享平台能够在软件供应商的努力配合下顺畅运行，实现企业财务管理乃至整体管理的数字化转型。

二、智能财务共享平台建设的要点和重点

（一）智能财务共享平台建设的要点

智能财务共享平台建设涉及三个子平台，分别为智能财务会计共享平台、智能管理会计共享平台和大数据分析应用平台。三个子平台的核心建设逻辑、

基本建设目标、关键建设基础以及重点建设工作各有侧重，具体的建设要点见表2-2。

表2-2　智能财务共享平台建设的要点

智能财务共享平台子平台	核心建设逻辑	基本建设目标	关键建设基础	重点建设工作
智能财务会计共享平台	业务驱动财务	会计核算标准化、自动化 资金结算集中化、自动化 税务计算申报自动化 会计档案管理电子化、自动化	会计科目统一 表单附件统一 核算规则统一 管理模式统一 业务流程统一 合规要求统一 信息系统统一 集成方式统一 数据标准统一 数据交换统一 安全标准统一 安全举措统一	业务流程梳理 智能场景梳理 表单附件梳理 数据标准梳理 信息系统梳理 岗位职责梳理 制度文件梳理
智能管理会计共享平台	管理规范业务	预算编制分析自动化 预算控制前置化、自动化 成本归集计算自动化 税务风险检测智能化		数据标准梳理 智能场景梳理 岗位职责梳理 制度文件梳理
大数据分析应用平台	数据驱动管理	灵活查询可用性、易用性 预测预判准确性、及时性 方案模拟多样性、准确性 风险预警实时化、可视化		数据标准梳理 智能场景梳理 模型算法梳理 岗位职责梳理 制度文件梳理

（二）智能财务共享平台建设的重点

智能财务共享平台建设旨在通过标准化、数字化和一体化建设实现智能化，在建设过程中需要抓好以下五项重点工作。

一是业务流程梳理，旨在改造优化业务流程。业务流程是指业财管一体化的流程。智能财务建设的过程是流程再造的过程，可通过流程梳理实现。流程梳理的基本思路：首先，梳理现有业务流程；其次，优化现有业务流程；最后，转换为智能财务共享模式下的业务流程（突出智能化场景设计和新技术匹配运用），并在智能财务建设和运营过程中持续优化。流程梳理过程可借助业财管一体化的流程图和蕴含丰富灵活信息的流程矩阵来展现自上而下划分层级的、业财管一体化的企业业务流程全景图。业务流程节点是表单附件的载体，其梳理是表单附件梳理的基础。

二是表单附件梳理，旨在改进表单附件，实现表单附件的标准化、电子化和数字化。智能财务建设的重要目标之一是通过业务驱动财务实现核算自动化，这就需要基于实际业务大类和业务细类，针对具体业务节点，对业务发生过程中产生的会计核算表单及附件进行详细梳理，包括表单编码、表单名称、表单样式、表单数据项、数据项属性以及表单对应的附件编码、附件名称、附件内容、附件样式和附件排序等细项。表单附件梳理可为数据标准梳理和信息系统改造提供依据。

三是数据标准梳理，旨在调整或新建数据标准。智能财务建设为企业数据标准梳理提供了良好契机。数据标准梳理的根本目的是数出一门、数存一处和一数多用。数据标准梳理的基本思路是从最底层业务流程节点的表单中以及正在使用的和未来可能使用的内部管理报表中抽取数据项，合并同类数据项，并对数据项的名称、含义、参考来源和使用维度等关键属性进行规范。数据标准梳理向信息系统对接提出内容要求、格式要求和方式要求。

四是信息系统梳理，旨在改造提升和新建信息系统。智能财务建设是信息系统再造的过程。一方面，需要引进财务共享运营管理平台、影像管理平台以及电子会计档案管理系统等全新的智能财务共享专用信息系统；另一方面，需要改造提升与智能财务共享相关的业务系统、财务系统和管理系统，以解决智能财务建设过程中的系统对接问题和系统整体优化问题，从而实现文件附件的电子化和数字化、财务处理的自动化（含自动稽核和凭证自动生成）以及电子会计档案归集的自动化。

五是模型算法梳理，旨在新建或优化模型算法。智能财务建设的另一重要目标是通过数据驱动管理实现服务业务和辅助决策，这就需要根据实际问题、可得数据和备选方案对大数据分析应用涉及的多维分析模型和数据挖掘模型以及相应算法进行梳理。模型算法梳理的目的是基于企业内部大数据（主数据、基础数据、业务数据、财务数据和管理数据）及企业外部大数据（行业数据、经济数据和环境数据等），实现对业务、财务和管理方面的多维分析以及针对典型业务场景的数据挖掘。

第三章 企业财务管理概述

第一节 企业财务管理的概念、特征与目标

一、企业财务管理的概念

在社会主义市场经济条件下，企业是以盈利为目的的经济组织。企业要生存和发展，就必须不断地进行生产经营活动，并从中获得利润。企业要进行生产经营活动，首先要拥有一定数量的财产物资（劳动资料、劳动对象）和用于支付人工工资及各项费用的货币，这些财产物资和货币的价值形态被称为资金。拥有一定数量的资金，是商品经济社会中企业进行生产经营活动的必要条件。

企业的生产经营活动一般是连续不断地进行的。因此，企业的生产经营过程就是再生产过程。在企业的再生产过程中，企业拥有的各种财产物资随着生产经营活动的不断进行，处于"耗费—回收—耗费"的变化之中，形成企业的物资运动。与此同时，企业各种财产物资的价值形态也在不断发生变化，由一种形态转化为另一种形态，有规律地进行循环和周转，实现着价值的增值，形成企业的资金运动。企业的资金从货币形态开始，依次通过购买、生产、销售三个阶段，又回到货币资金形态的运动过程，被称为资金的循环。企业资金周而复始的循环，被称为资金的周转。企业的资金运动就是在资金的循环与周转中进行的。企业的再生产过程表现为形形色色的物资运动，其背后则是资金运

动。资金运动是企业再生产过程的价值表现，它以货币价值形式综合地反映企业再生产过程各个方面的情况。资金运动和物资运动是企业生产经营过程中同时存在的经济现象，物资运动是资金运动的基础，而资金运动又是物资运动的反映。只有在企业的再生产过程中运动着的价值才是资金，离开了企业的再生产过程，既不存在价值的转移，也不存在价值的增值，不能称其为资金。

随着社会商品经济的高速发展，企业的资金活动已经渗透到其生产经营活动的各个方面和全过程中，资金本身也就成为现代商品经济中最重要的商品和最活跃的因素。企业的资金犹如人体中的血液，只有供血充足、血流畅通，人才会有活力。企业要想兴旺发达，同样需要充足的、周转灵活的资金。如果企业资金不足或周转不灵，其生产经营活动必然会失去活力，陷入困境。

企业的资金运动构成企业经济活动的一个独立方面，它不仅表现为物资的价值运动，而且体现了企业同社会各方面的经济利益关系。这种由企业资金运动所体现的经济利益关系，通常被称为财务关系。企业再生产过程中的资金运动及其所体现的财务关系就构成企业的财务活动，简称企业财务。财务与企业财务是既有区别又有联系的两个概念，财务包括宏观财务与微观财务两大部分，国家财政属于宏观财务范畴，企业财务属于微观财务范畴。本章所述及的财务指企业财务。

综上，财务管理可定义如下：财务管理是基于企业再生产过程中客观存在的财务活动和财务关系而产生的，它是利用价值形式对企业再生产过程进行的管理，是组织财务活动、处理财务关系的一项综合性管理工作。既然财务管理是组织企业财务活动、处理企业财务关系的一项经济管理工作，财务管理的内容就是财务管理对象的具体化，可分为资金运动管理和财务关系管理两大部分。要想做好企业财务管理工作，就应该进一步了解企业资金运动及其所形成的财务关系的具体内容。

二、企业财务管理的特征

（一）企业财务管理是一种价值管理

企业财务管理的对象是企业的资金及其运动，它利用收入、成本、利润、资产、负债、权益、现金流量等价值指标，来组织企业生产经营过程中价值的形成、实现和分配，并处理这种价值运动中的各种经济利益关系。所以，企业财务管理区别于企业其他管理的最大特点就在于它是一种价值管理。

（二）企业财务管理是一种综合管理

企业财务管理是一种价值管理，这使之又具有综合管理的特征。企业管理中存在着侧重点不同的各种管理职能，它们的管理效果都可以通过资金运动的状况反映出来。另外，市场经济环境也要求企业各项职能管理的效果最终统一于相应的价值指标上。所以，企业财务管理在企业管理中属于一种综合管理，并对其他职能管理起着导向作用。

（三）企业财务管理是一种行为规范管理

企业财务管理以企业财务活动为对象，以财务关系为视角，以制度约束为特征，处理企业内部各行为主体、企业与外部各利益相关集团之间的利益矛盾与协调问题，从而以管理制度的方式来规范财务行为主体的权、责、利关系，提高企业经济资源的综合配置效率。企业财务管理是一种行为规范管理，体现着管理者的智慧和才华。

三、企业财务管理的目标

（一）企业财务管理目标的分类

1.利润最大化

利润最大化是指企业通过对其财务活动和资本运营的管理增加利润。企业追求利润最大化，一方面是因为企业需要资本的进一步积累来保障企业的正常运营和扩大再生产；另一方面是因为企业需要将这些利润用来提高企业工作人员的工资水平和福利待遇。但企业将利润最大化作为企业财务管理的目标之一，也存在着一些不足之处，如企业过分地追求利润最大化，可能会在一定程度上使得企业在做出某些决策时只看重企业当前的利益，而忽略了企业的长远发展、健康发展。

2.股东财富最大化

股东财富最大化是指企业通过对财务的管理、资本的经营等行为为企业的股东带来最大的财富。在这一目标的指导下，企业会更多地将财务管理工作放在增加股东财富上，以便吸引更多的投资者。但在这种情况下，企业有可能为了股东的利益而忽视其他相关者的利益，如忽视政府、债权人或者员工的利益等，导致企业内外部各利益主体之间的矛盾升级。

3.企业价值最大化

企业价值最大化是指企业通过对财务活动和财务关系的管理使企业总价值最大化。在企业价值最大化目标的指导下，企业对其自身价值的评估存在着很大的主观性，可能会影响企业价值的合理性和科学性的评估，最终影响企业的发展。

（二）企业财务管理目标的作用

1.激励作用

目标是激励企业全体成员的力量源泉，每位员工只有明确了包括企业财务管理目标在内的企业目标，才能调动起工作的积极性，激发自身的潜在能力，尽力而为，为企业创造最大的财富。

2.导向作用

企业财务管理是一项组织企业财务活动、协调企业同各方面财务关系的管理活动。企业财务管理目标的作用在于为企业管理者指明方向。

3.考核作用

企业财务管理目标考核的对象是企业绩效和各级部门工作业绩。考核对象明确了，各级管理者才能按照员工的实际贡献大小如实地对其绩效进行评价。

4.凝聚作用

企业是一个组织、一个协作系统，只有增强全体成员的凝聚力，企业才能实现发展目标。企业财务管理目标明确，能充分体现全体员工的共同利益，极大地激发企业员工的工作热情、献身精神和创造能力，形成强大的凝聚力。

（三）企业财务管理目标的基本特征

企业财务管理目标取决于企业生存和发展的目标，两者必须是一致的。企业财务管理目标应具备以下四个特征。

1.多元性

企业财务管理目标的多元性是指企业财务管理目标不是单一的，而是适应多因素变化的综合目标群。现代财务管理是一个系统，其目标也是一个多元的有机构成体系。在这些多元目标中，处于支配地位、起主导作用的目标被称为主导目标，其他处于被支配地位、对主导目标的实现起配合作用的目标被称为辅助目标，如企业在努力实现"企业价值最大化"这一主导目标的同时，还必须努力实现履行社会责任、加速企业成长、提高企业偿债能力等一系列辅助目标。

2.可操作性

企业财务管理目标是实行财务目标管理的前提，它要能够起到组织动员的作用，要能够根据已制定的经济指标进行分解，实现员工的自我控制，使企业进行科学的绩效考评。这就需要企业财务管理目标具有可操作性，具体包括可以计量、可以追溯、可以控制。

3.层次性

企业财务管理目标是企业财务管理这个系统顺利运行的前提条件。各种各样的财务管理目标构成了一个网络，这个网络反映着各个目标之间的内在联系。财务管理目标的层次性是由企业财务管理内容和方法的多样性以及它们相互关系上的层次性决定的，如企业财务管理内容可以划分为筹资管理、投资管理、营运资金管理、利润分配管理等几个方面，而每一个方面又可以再进行细分，可以从不同方面确定财务管理目标。

4.相对稳定性

随着宏观经济体制和企业经营方式的变化，以及人们认识的发展和深化，财务管理目标也可能发生变化。宏观经济体制和企业经营方式的变化是渐进的，只有发展到一定阶段后才会产生质变，人们的认识在达到一个新的高度后，也需要达成共识。财务管理目标作为人们对客观规律的一种概括，总的来说是相对稳定的。

（四）企业财务管理目标的影响因素

1.企业所有者

所有者对企业财务管理目标的影响主要是通过股东大会和董事会进行的。从理论上讲，企业重大的财务决策必须经过股东大会或董事会的表决。

2.企业财务管理环境

企业财务管理环境包括经济环境、法律环境、社会文化环境等财务管理的宏观环境，以及企业类型、市场环境、采购环境、生产环境等财务管理的微观环境，这些同样是影响财务管理目标的主要因素。

3.企业利益集团

企业利益集团是指与企业产生利益关系的群体。在现代企业制度下，企业的利益集团已不是单纯的企业所有者，影响财务管理目标的利益集团包括企业所有者、企业债权人、政府和企业员工等，不能将企业财务管理目标仅仅归结为某一集团的目标，而应该是各利益集团利益的综合体现。

4.企业社会责任

企业社会责任是指企业在从事生产经营活动，获取正常收益的同时，应当承担的相应的社会责任。企业财务管理目标和社会责任客观上存在矛盾，即企业承担社会责任会造成利润和股东财富的减少。企业财务管理目标和社会责任也有一致性。首先，企业承担社会责任大多是法律所规定的，如消除环境污染、保护消费者权益等，企业财务管理目标的完成必须以承担社会责任为前提。其次，企业积极承担社会责任，为社会多做贡献，有利于企业树立良好形象，也有利于企业财务管理目标的实现。

第二节　企业财务管理的内容

一、筹资管理

（一）筹资管理的定义

筹资管理就是根据企业自身经营的特点以及实际的资金需求，通过分析筹资的渠道、成本、风险等方面的内容，为企业筹集到成本最低、速度最快、效率最高的资金的手段。筹资管理最主要的是通过股权和债券进行资金的筹措。

从筹资管理的定义可以看出，其主要的目的就是满足企业日常经营对于资金的需求，有效地降低资金的使用成本，加强风险控制。企业筹资的动机见表3-1。

表3-1　企业筹资的动机

筹资动机	主要内容
建设性筹资动机	主要包括企业在开设初期,为了满足建设期日常经营对于资金的需求而形成的筹资需求
买卖性筹资动机	主要包括企业在开展日常的买卖性生产和销售活动的过程中形成的筹资需求
成长性筹资动机	主要包括企业在成长期增加固定资产方面的投入而形成的筹资需求
过渡性筹资动机	主要包括企业在经营过程中对业务进行调整而形成的过渡性筹资需求

(二)筹资管理的原则

企业筹资管理的原则是在严格遵守国家法律、法规的基础上,分析影响筹资的各种因素,权衡资金的性质、数量、成本和风险,合理选择筹资方式,提高筹资效果。

(1)遵循国家法律、法规,合法筹措资金。不论是直接筹资还是间接筹资,企业最终都是通过筹资行为向社会获取资金的。企业的筹资活动不仅为自身的生产经营提供资金来源,而且会影响投资者的经济利益,影响社会经济秩序。企业的筹资活动必须遵循国家的相关法律、法规,依法履行法律、法规和投资合同约定的责任,合法合规筹资,依法披露信息,维护各方的合法权益。

(2)分析生产经营情况,正确预测资金需求量。企业筹集资金,首先要合理预测资金的需求量。筹资规模与资金需求量应当匹配,既要避免因筹资不足影响企业生产经营活动的正常进行,又要防止筹资过多造成资金闲置。

(3)合理安排筹资时间,适时取得资金。企业筹集资金,还需要根据资金需求的具体情况,合理安排资金的筹集时间,适时获取所需资金,使筹资与用资在时间上相衔接,既避免过早筹集资金形成的资金投放前闲置,又防止取得资金的时间滞后,错过资金投放的最佳时间。

(4)了解各种筹资渠道,选择资金来源。企业所筹集的资金都要付出筹资成本,不同的筹资渠道和筹资方式所取得的资金,其筹资成本各有差异。企业应当在考虑筹资难易程度的基础上,针对不同来源资金的筹资成本进行分析,尽可能选择性价比高的筹资渠道与筹资方式,力求降低筹资成本。

(5)研究各种筹资方式,优化资本结构。企业筹资要综合考虑股权资金与债务资金的关系、长期资金与短期资金的关系、内部筹资与外部筹资的关系，合理安排资本结构，保持适当偿债能力，防范企业财务危机，提高企业筹资效率。

（三）筹资管理的作用

企业资金注入的流程从筹资开始，筹资管理最重要的作用就是满足企业资金方面的需求，并通过有效手段实现筹资成本最低、筹资渠道确定、筹资规模预测、筹资风险管控等，从各方面对筹措资金进行全生命周期的管控。

1.对资金需求量进行有效预测

资金是保障企业日常经营的核心资源，对投资、购买原材料和服务、销售产品等各个环节都起到了至关重要的作用。不管是什么类型的企业，为了形成生产能力、销售能力、售后服务能力等，都必须有资金的保障。有效的预测对于筹资而言更为重要，筹资往往需要一定的时间和合理的规模区间，企业只有科学地预测资金需求量，才能保障资金的及时供给。在大多数情形下，企业主要通过资金满足两方面的需求：一方面是日常经营的需求，另一方面是未来发展的需求。企业所处的生命周期不同，对于资金的需求就不同，需要筹资的规模也不同。在企业初创和成长期，对于资金的需求是最多的，一方面需要满足技术的投入和市场的开发需求，另一方面还要为未来的发展储备一些资金。在企业平稳发展的时期，对于资金的需求有所减少，只要满足日常经营需求和维持市场地位即可。

2.合理安排筹资渠道，选择筹资方式

在通常情况下，企业通过直接或间接两种不同的方式进行资金的筹措。直接筹资是企业直接从外部的金融机构或其他组织筹集资金，间接筹资是企业通过相关金融机构与其他组织进行对接来筹集资金。内部筹资主要依靠企业的利润积累，外部筹资主要有股权筹资和债券筹资两种方式。

3.有效降低筹资成本

企业只要进行筹资，就会产生或多或少的筹资成本，这是企业为筹集资金需要付出的代价，主要包括财务利息费用以及金融机构收取的服务费等。针对上文提到的股权筹资和债券筹资两种筹资方式，就成本而言，债券筹资成本较低，但是股权筹资在筹资速度等方面有自身的优势。企业在筹资过程中，要协调好速度和成本的关系，合理筹划，从而找到成本低、速度快的筹资方式，同时要考虑到筹资过程中的风险，如成本风险和速度风险，有效地进行规避，保证筹资效率。

二、投资管理

（一）投资管理的基本概念

投资管理就是为了获得最大的投资收益而对企业的各项投资要素或环节进行策划、决策、组织和控制的过程。对企业而言，投资是扩大生产规模、提高竞争能力、实现资本保值增值和增强自身实力的重要途径。一项投资从项目的提出、立项、可行性研究、策划、评估决策、资本投入直至实现投资目标，是一个投资管理的运动过程。

（二）投资管理的相关要素

1.投资对象

投资对象作为投资活动中不可缺少的要素，对于控制投资规模、调整投资结构、提高投资效益、促进生产发展起着重要作用。投资对象的选择应当根据自然、社会、经济技术、现有的生产能力和市场需要，建立在科学的决策基础之上。

2.投资管理工具

企业往往借助投资管理工具来开展投资管理工作，如项目投资可行性研究、项目后评价等投资管理工具。

（1）项目投资可行性研究。可行性研究是企业投资管理的重要工具，可以说是先决条件。只有经过科学决策体系论证，才能最大限度地规避投资决策风险，防范非系统性风险。相同投资额，选取投资回报率高、内含报酬率高的项目，可以提高资金使用效率，创造更大效益，从而实现投资管理的最终目标。可行性研究包括但不限于风险管理、合法合规性、税务筹划、财务指标等。其中有些指标是刚性指标，只要其没达标，无论其他指标如何优秀，也不能投资。只有各方面均衡发展、各项要素都优秀的项目才能算得上是好项目，才能为企业创造价值。

可行性研究要寻找合适的投资标的物。投资标的物的寻找往往是因企业而异的，企业要结合自身战略规划进行抉择。选定的投资标的物既可以是企业准备兼并的实体，也可以是企业预计投资的实体。企业可以横向并购来扩大自身的规模，实现横向一体化发展，也可以纵向并购以打通产业上下游链条。简而言之，投资标的物的选择没有统一且明确的标准，满足企业特定需求及发展战略即可。选定投资标的物后要进行多角度可行性分析，对预计投资的企业进行多维度、全方面审查，包括但不限于财务报表及其附注、被投资企业近三年经营状况、税收和法律等方面。

可行性研究也可以从市场分析、技术分析、生产分析等几个角度入手。涉及对价问题时，往往需要聘请中介机构，对目标企业价值进行评估，对企业并购后的协同效应也要一并进行评估。

（2）项目后评价。项目后评价是指投资完成后由专门设立的工作小组对投资项目的各项指标进行持续评价的过程。投资管理是全过程管理，项目后评价作为其最后一环尤为重要，它也是投资人对投资管理进行监管评价的重要手段之一。项目后评价有助于找出可行性分析与实际执行中指标的差异和变化，有的放矢地分析出差异原因，总结成功且可复制的经验并予以推广，吸取失败的教训避免今后再次发生，为以后投资活动的顺利进行提供保障。

企业应设有专门的部门和专职人员对投资项目进行跟踪管理，时刻关注其财务状况、现金流量情况及其他重大事项，一旦发现特殊情况，要及时报告并妥善处理。对于投资失败的项目要立即止损，加大投资回收环节的控制力度；对于投资盈利的项目，要从其经营过程中总结可复制的优秀管理模式并予以推广。

（三）投资管理和投资的关系

企业投资的首要目标是创造股东价值，而这项内容正是经营管理的基本前提之一。投资与企业的发展息息相关，其中厂房设备和研发等方面的投资将会影响企业未来的发展。企业的股价反映了投资者对其未来现金流量的预期值，因此，有助于企业股价增长的投资都能够降低企业运营成本，提高企业产品质量，并可增强企业的竞争优势。

重视股东价值并非轻视与企业有关的其他个人或部门，如债权人、供应商、员工以及当地社区等。与企业利害关系方的利益相对立的经营行为会影响到企业的发展前途，并且最终导致股东的价值受损。但是，股东会根据企业普通股的实际市场价值判断企业的经营状况，以评估经理人的工作绩效。

企业只有在非常谨慎的前提下推行投资策略，其资本支出才有利于创造股东价值。例如，可口可乐公司、通用电气公司、宝洁公司等企业之所以能成功地创造股东价值，就是因为其有明确的经营策略，因此而建立并保持了良好的竞争优势。相反，那些未经深思熟虑且缺乏良好经营策略带动的投资支出则可能会损害股东的利益。

良好的经营策略需要考虑企业的潜在优势，从而使企业得以脱颖而出，战胜竞争对手；如果企业经营得力，则可处于行业领先地位。

无论企业采取何种方式的经营策略建立竞争优势，通常都需要持续不断的资本支出。只有当投资者对企业的经营策略有信心时，这一类支出才会真正带动企业股价的上涨。

三、营运资金管理

（一）营运资金管理的概念

营运资金是指企业日常经营活动所需要的资金，由流动资产和流动负债构成。营运资金管理的基本任务是短期资金的筹措和短期资金周转效率的提高。营运资金管理的基本目标是通过有效地进行资金的日常调度和调剂，合理配置资金，以提高资金的使用效率，增强短期资金的流动性。

营运资金管理是对企业流动资产和流动负债的管理。由于企业需要大量的营运资金来推动生产经营活动，而对于营运资金指标的计算可以在一定程度上反映企业的资金周转效率和营运风险。营运资金管理是资金流管理的重要环节。传统的营运资金包括广义、狭义两个概念。广义营运资金是指企业投放于流动资产上的资金，狭义营运资金是企业流动资产与流动负债的差额。

营运资金管理的主要内容包括以下三个方面。①合理安排流动资金与流动负债的比例关系，确保企业具有较强的短期偿债能力。②加强流动资产管理，提高流动资产的周转效率，改善企业的财务状况。③优化流动资产以及流动负债的内部结构，以使企业短期资金周转得以顺利进行和短期信用能力得以维持。

企业开展生产经营活动需要以一定量的营运资金为基础。流动资产具有较强的流动性，因此企业可将流动资产作为一种资金储备形式，在进行资金周转时，使其变为货币形态，形成企业的现金流入，补充营运资金，而企业通过支付等行为，形成现金流出，进行债务清偿或清算。总体来说，企业持有的流动资产越多，其短期偿债能力就越强。企业现金流入量与流出量具有一定的不确定性和非同步性，这就要求企业保持一定数量的营运资金。例如，企业往往先行支付采购货款，而后取得销售收入，资金的流入与流出不具有时间上的同步性，金额也往往不对等，加之企业未来经营活动的不确定性，使得企业预测现金流量的难度加大。在实际操作中，企业的现金收付具有较强的不对称性，因此无法保持收付在时间上的同步。为了保证企业具有一定的资金支付能力来支付各项经营费用、偿还到期债务，企业在日常经营过程中需要储备一定金额的营运资金。

（二）营运资金管理的特征

为了增强企业营运资金管理的有效性，探究营运资金的特点尤为关键。根据营运资金管理在企业管理中的实务操作，企业营运资金管理通常具有灵活性、复杂性、及时性三个特征。

（1）灵活性特征。营运资金来源的多样性使得其管理具有灵活性的特征。因为企业营运资金的筹集方式多种多样，银行借款、应付债券、应付职工薪酬、应交税费、预收货款等都为常用的企业融资方式。这就要求企业根据自身情况审时度势，灵活安排筹资，为自身争取资金成本最低、最安全的营运资金。

（2）复杂性特征。营运资金需求的变化性导致企业营运资金管理具有复杂性特征。企业外部经济环境和自身发展阶段的变化，导致企业流动资产的数量和金额处于不断变动的状态，波动性较大。特别是有些具有经营周期的企业更是如此，经营旺季营运资金需求量大，经营淡季营运资金需求量少，并且随着企业流动资产的变动，流动负债也会发生变化。企业资金运动的复杂性决定了营运资金管理也具有复杂性特征。

（3）及时性特征。营运资金周转的短期性使企业营运资金管理具有及时性特征。由于营运资金表示企业投放在流动资产上的资金，而流动资产代表企业流动性相对较强的资产，且周转速度较快，这就要求企业在资金管理上必须及时做出决策，不得滞后。这一时效性要求决定了企业营运资金管理具有及时性特征。

营运资金管理的内容应围绕资金运用及资金筹措两个方面展开。第一，企业应在流动资产上投放多少数量的资金。第二，企业应如何进行融资。营运资金管理内容具体包括企业日常支付原料采购价款，支付费用、工资等，以及企业商业信用借款、债券筹资、银行借款等。

（三）营运资金管理的目标

企业营运资金管理目标应符合企业价值目标要求，这就需要企业重视平衡流动性和收益性方面的举措，保持合理的资本结构。为了使得利润长期最大化，企业不应拥有过多的闲置资金。

1.保证资金需求合理化

企业只有站在一个较高的层面来管控全局，对其整体经营状况有更加深入的了解，才能明白营运资金需求数量的重要性。企业要做好这一部分工作，保持现有生产规模，就要根据市场变化情况及时做出调整，增强融资能力，拓宽融资渠道，保证企业在正常生产经营情况下还能拥有富余资金。

2.提高资金使用效率

为了获取更高的经济收益，企业可以调整资金运转的周期，使资金变现速度加快。企业应尽量提高流动资产周转率，降低内部资金成本，提高资金使用效率。

3.约束资金使用成本

企业要想降低资金使用成本，还需挖掘资金所拥有的潜力，即企业是否可以用较低的成本获取较高的效益。对企业来说，平衡收益和成本两者之间的关系是非常重要的一步。从企业长远发展的角度看，资金的使用要具有科学性和合理性，这就需要企业合理配置资源，积极拓宽融资渠道，尽可能多筹措低成本资金。

（四）营运资金管理的重要性

营运资金管理是对企业流动资产及流动负债的管理。企业要维持正常的运转就必须拥有适量的营运资金，营运资金管理是企业财务管理的重要组成部分。要搞好营运资金管理，就必须解决好流动资产和流动负债两个方面的问题，换句话说，就是要解决好下面两个问题。

第一，企业应该在流动资产上投入多少资金，即资金运用的管理，主要包括现金管理、应收账款管理和存货管理。

第二，企业应该怎样进行流动资产的融资，即资金筹措的管理，主要包括银行短期借款管理和商业信用管理。

可见，营运资金管理的核心内容就是对资金运用和资金筹措的管理。

四、利润分配管理

（一）利润分配管理的内涵

利润分配管理主要是对企业实现的税后净利润的分配的管理，即明确多少用于发放给投资者，多少用于企业留存。利润分配决策的关键是在股东的近期利益和长远利益之间进行权衡。股利发放过少会使股东的近期利益得不到满足，而股利发放过多又会使企业留存收益过少，不利于企业的长期发展。

具体来说，利润分配管理要解决的问题主要涉及股东对股利分配的要求、企业发展对保留盈余的要求、影响股利政策的各种因素、股利政策的选择和连续性四个方面。这四个方面不是互相割裂的，而是互相依存、有机地联系在一起的。上述既互相联系又有一定区别的四个方面构成了企业财务管理的基本内容。财务管理人员必须将这四个方面加以综合分析、考虑，统筹安排，才能取得财务管理的良好效果。

（二）利润分配管理的作用

利润分配管理是现阶段企业管理中必不可少的一部分，是企业管理的重要内容，对企业的长远发展具有重要作用，主要表现在以下几点。

1.利润分配管理能够调动员工的积极性

员工工作就是为了获得相应的回报，如果员工付出的劳动与回报是成正比的，则员工将更加积极地工作，为企业创造更多的价值。反之，如果员工付出的劳动与回报不成正比，则会阻碍企业的发展。科学合理地进行利润分配管理能够最大限度地调动员工的积极性，对企业的发展具有积极作用。

2.利润分配管理能够促进企业的发展，促进企业形成和谐的企业文化

当前国家呼吁建设和谐社会，和谐企业也是和谐社会的一部分，建设和谐企业是对国家政策的支持，与建设和谐社会的意义是一样的。企业的和谐体现在员工之间相处和谐、企业健康发展等方面，这些方面的和谐都可以通过利润分配管理来实现。企业在形成和谐的企业文化之后，会朝着更加健康的方向发展，实现自身的可持续发展。

第三节　企业财务管理的观念

一、时间价值观念

财务活动是在特定的时空中进行的，货币时间价值原理揭示了不同时点上资金之间的换算关系，是财务决策的基本依据。因此，财务人员必须了解时间价值观念。

（一）货币时间价值

1.货币时间价值的概念

在商品经济中，货币时间价值是客观存在的。如将资金存入银行可以获得利息，将资金运用于企业的经营活动可以获得利润，将资金用于对外投资可以获得投资收益，这种由于资金运用实现的利息、利润或投资收益表现为货币时间价值。由此可见，货币时间价值是指货币经过一定时间的投资和再投资所增加的价值。货币时间价值可以用绝对数来表示，如利息额，也可以用相对数来表示，如利息率。

例如，将100元存入银行，在银行利率10%的情况下，一年以后会得到110元，多出的10元利息就是100元经过一年时间的投资所增加的价值，即货币的时间价值。由于不同时间的资金价值不同，在进行价值大小比较时，必须将不同时间的资金折算为同一时间的资金。

货币时间价值从量的规定上看，是在没有风险和没有通货膨胀条件下的社会平均资金利润率。货币时间价值应用贯穿企业财务管理的方方面面。在筹资管理中，货币时间价值让人们意识到资金的获取是需要付出代价的，这个代价就是筹资成本。筹资成本直接关系到企业的经济效益，是筹资决策需要考虑的一个首要问题。在投资管理中，企业的投资项目至少要取得社会平均利润率，否则就要投资于其他项目，因此货币时间价值是评价投资项目的基本指标。

2.货币时间价值计算的术语和符号

在计算货币时间价值时，通常使用以下术语和符号。

（1）现值（P），从现在时点看的价值，也称"本金"或"期初金额"。

（2）终值（F），从将来时点看的价值，是本金与利息之和。

（3）利率（i），利息与本金之比，没有特殊说明，一般是指年利率。

（4）利息（l），本金与利率之积。

（5）计息期数（n），可以是日、月、年等，没有特殊说明，一般以年为单位，应该与利率相匹配。

（二）单利终值与单利现值

1.单利终值

单利终值是本金与未来利息之和。其计算公式如下：

$$F=P+l=P+P \times i \times n=P（1+i \times n）\qquad（1）$$

【例1-1】将1000元存入银行，假设利率为5%，则1年后、2年后、3年后的终值各是多少？

解：一年后的终值$F=P（1+i \times n）=1000 \times（1+5\% \times 1）=1050$（元）

两年后的终值$F=P（1+i \times n）=1000 \times（1+5\% \times 2）=1100$（元）

三年后的终值$F=P（1+i \times n）=1000 \times（1+5\% \times 3）=1150$（元）

2.单利现值

单利现值是资金现在的价值。单利现值的计算就是确定未来终值的现在价值。

单利现值的计算公式如下：

$$P=F-l=F-P \times i \times n=F/（1+i \times n）\qquad（2）$$

【例1-2】假设银行存款利率为5%，张红要想在3年后获得1000元现金，那么现在应存入银行多少钱？

解：现在应存入银行$P=1000/（1+5\% \times 3）=869.57$（元）

（三）复利终值与复利现值

复利就是不仅本金要计算利息，本金所产生的利息在下期也要加入本金一起计算利息，即通常所说的"利滚利"。

1.复利终值

复利终值是指一定数量的本金在一定利率下，按照复利计算出的若干时期以后的本利和。其计算公式如下：

$$F=P \times (1+i)^n \tag{3}$$

公式中 $(1+i)^n$ 称为复利终值系数，用符号 $(F/P, i, n)$ 表示。因此，复利终值计算公式也可写作 $F=P (F/P, i, n)$。

例如，$(F/P, 8\%, 5)$，表示利率为8%、5期的复利终值系数。

【例1-3】某人现在存入银行1000元，若存款利率为5%，每年复利一次，3年后他可以从银行取出多少钱？

解：$F=P \times (1+i)^n=1000 \times (1+5\%)^3$

$=1000 \times (F/P, 5\%, 3)=1000 \times 1.1576$

$=1157.6$（元）

2.复利现值

复利现值是指未来一定时间的特定资金按复利计算的现在价值，即为取得未来一定本利和现在所需要的本金。例如，将 n 年后的一笔资金 F，按年利率 i 折算为现在的价值，即为复利现值。其计算公式如下：

$$P=F \times (1+i)^{-n}=F \times (P/F, i, n) \tag{4}$$

由终值求现值，称为折现，折算时使用的利率称为折现率。公式中 $(1+i)^{-n}$ 称为复利现值系数，用符号 $(P/F, i, n)$ 表示。例如，$(P/F, 5\%, 4)$，表示利率为5%、4期的复利现值系数。

【例1-4】某企业计划4年后进行技术改造，需要资金100万元，当银行利率为5%时，企业现在应存入银行的资金为多少？

解：现在应存入银行的资金 $P=F \times (1+i)^{-n}=100 \times (1+5\%)^{-4}$

$=100 \times 0.8227$

$=822.7$（万元）

货币时间价值是时间的函数，复利计息更为准确。在财务价值判断中，不做特殊说明，均指复利计息情形。

二、风险收益观念

（一）财务风险的概念

目前，人们对财务风险的概念有不同的理解，从内涵角度讲，有两类比较常见的理解：一类是从后果角度的理解，即把财务风险理解为财务困境、财务危机，如企业发生严重亏损、现金流生成能力弱、削减股利、贷款违约、资不抵债、破产清算等；另一类是从事前、风险的本义角度的理解，即把风险理解为一种不确定性，因而将财务风险解释为出现财务损失的可能性，指企业受各种不确定性因素影响后，其预期收益发生偏离，导致其蒙受财务损失，出现财务困境的可能性。笔者认为第二种理解更符合风险的内涵，也更具有管理实践上的意义，更强调事前的分析、预测、防范。

财务风险涉及的内容也有广义与狭义两种理解。广义的财务风险将企业各种经济活动所可能产生的不利财务后果都纳入其中，包括筹资风险、投资风险、营运资金管理风险等。狭义的财务风险是指企业陷入财务困境，不能偿还到期债务而引起的破产风险，它强调的是企业流动性和偿债能力丧失，企业经营活动产生的现金流不足以偿还到期负债，或者资不抵债。笔者认为上述广义概念的内容过于宽泛，不利于抓住财务风险管理的关键点，应采用狭义的概念。根据这一概念，企业流动性的丧失是财务风险的直观表现，存在到期债务是前提，而企业经营不良、现金创造能力不足是根源。

（二）财务风险的要素

根据狭义的概念，关注企业财务风险重点就是关注其负债质量以及负债偿还的保障程度。相应地，财务风险要素主要包括以下两方面。

1.负债质量方面

（1）流动负债质量，涉及短期借款、应付票据、应付账款、预收款项、应付手续费及佣金、应付职工薪酬、应交税费、应付利息、应付股利、其他应付款等。流动负债与营业活动关系密切，在管理不善的情况下容易"因小失大"。例如，短期借款通常用于补充企业的流动资金，其他应付款项目反映企业所有应付和暂收其他单位和个人的款项，如应付租入固定资产的租金、包装物的租金、存入保证金，这些项目若出现缺口容易对日常业务产生较大影响。

（2）长期负债质量，涉及长期借款、应付债券、长期应付款、专项应付款。专项应付款反映企业取得政府所投入的具有专项或特殊用途的款项，如企业取得的科技经费、政府拨款，项目实施期超过一年的，一般不构成偿还压力。在其他非流动负债中，递延所得税负债、递延收益不形成企业偿还压力。

（3）或有负债，如担保、未决诉讼、应收票据贴现、应收账款抵借，这些是容易被忽略的风险点。或有负债并不在资产负债表中体现，企业对或有负债的估计也难以精确，一旦出现就可能给企业流动性造成较大压力，如为被担保方代偿贷款、已贴现商业承兑汇票形成的或有负债，产品质量、担保、专利权被侵犯等原因引起的诉讼赔偿等。关注或有负债风险的重点是关注引起或有负债的原因，它们有的是由外部经济环境变化引起的，有的是企业正常经营活动所附带的，如质量保证等所引起的或有负债，有的是企业自身管理不善所导致的。

2.负债偿还保障程度方面

企业偿还到期债务的经济资源可来自三个方面：变现现有资产获得的现金、盈利流入的现金和从外部筹资获得的现金。因此，企业当期和未来的流动性可从以下这三个方面予以关注。

（1）变现现有资产对债务的保障程度：这是一种资产质量角度的流动性评价，常用指标有流动比率、速动比率、现金比率和资产负债率等。

（2）现金创造对债务的保障程度：这是一种盈利质量角度的流动性评价，常用指标有已获利息倍数，息税折旧及摊销前利润与带息债务比值等。

（3）新增筹资对债务的保障程度：这是一种筹资能力角度的流动性评价。

三、财务管理环境观念

（一）金融市场环境

金融市场是资金供给者与资金需求者实现货币和资金融通、办理各种票据交换、进行有价证券交易活动的总称。金融市场环境是企业财务管理的直接环境，它不仅为企业筹资和投资提供了场所，而且促进了资本的合理流动和优化配置。

1.金融市场的构成要素

一个完善的金融市场由主体、客体、金融工具、交易价格和交易方式五部分组成。

（1）金融市场的主体指营利机构（企业）或有民事权利的自然人，包括货币供给者和货币需求者以及金融机构。货币供给者拥有闲置资金，但不愿用于满足自身需求而更愿意投资于市场以获取一定的回报；货币需求者有很好的投资机会可以获取利润，但缺乏用于投资的资金。我国主要有以下几种金融机构：中国人民银行、政策性银行、商业银行、投资银行。

在特定情况下，政府也可能成为金融市场的交易主体，如政府在金融市场上发行债券筹集资金、通过中央银行向金融市场投资购买证券等。

（2）金融市场的客体指金融市场交易双方转让的商品。在金融市场上，交易双方交易的对象是货币资金。无论是银行的存贷款，还是证券市场上的证券买卖，交易双方都主要是货币资金的供给者和需求者，货币资金最终通过交易从供给者转让给需求者。

（3）金融工具指在资金融通过程中，资金需求方交付给资金供给方用于证明双方之间存在资金融通交易的证明，是双方资金融通的一种契约形式。主要的金融工具包括商业票据、政府债券、公司债券、股票、可转让大额定期存单等。储蓄存折也属于金融工具中的一种，但其由于不具有市场流通的可能性而很少在金融市场上流通。

（4）交易价格指商品在买卖过程中购买方支付给出售方的货币金额。在金融市场中，交易对象是货币，衡量交易对象的价格便不是单纯的货币价值，而是货币使用权的代价，即利息，用相对数表示就是利率。证券市场上的交易价格虽然不直接用利率来表示，但证券价格与利率有着密切的联系：市场利率上升，则证券价格下降；市场利率下降，则证券价格上升。

（5）交易方式指在金融市场上资金供需方所采取的交易方式，主要包括交易所交易方式、柜台交易方式和中介交易方式等。

2.金融市场的种类

（1）金融市场按融资期限划分为货币市场、资本市场。

①货币市场也称短期金融市场，是指融资期限在一年以内的金融市场。当前，我国的货币市场主要包括短期存贷款市场、票据市场、同业拆借市场、短期债券市场以及可转让大额定期存单市场等。

②资本市场也称长期金融市场，是指融资期限在一年以上的金融市场，主要用于满足筹资者对长期资金的需求。我国资本市场包括长期存放款市场和证券市场。

（2）金融市场按证券流通与融资行为的关系划分为初级市场、二级市场。

①初级市场又称发行市场、一级市场，是指证券发行单位向市场投资者发行证券，从投资者手中获取资金的市场。

②二级市场又称流通市场、交易市场，是指已发售的证券从一个持有者转手给另一个持有者的市场。在这个市场中，证券发行单位不能筹集到资金。

我国上海证券交易所和深圳证券交易所既有初级市场，又有二级市场。

（3）金融市场按交易对象划分为资金市场、外汇市场、黄金市场。

①资金市场是指进行资金借贷的市场，包括交易期限在一年以内的货币市场和交易期限在一年以上的资本市场。

②外汇市场是以各种外汇信用工具为交易对象的市场，它是金融市场交易量最大的市场。

③黄金市场是集中进行黄金买卖和金币兑换的交易市场。

（二）经济环境

经济环境主要指企业从事财务活动的宏观经济环境，具体包括以下几个方面。

1.国家的经济政策

政府具有调控宏观经济的职能。社会经济发展规划、政府产业政策、经济体制改革措施及财经法规都对企业的生产经营和财务活动有重大影响。国家的各项经济政策用以促进国民经济发展，但不同地区和不同行业的经济政策存在着一定的差异。企业在进行财务决策时要认真研究国家的经济政策，按照政策导向行事，趋利除弊，做到既有利于国民经济发展，又有利于增强自身经济实力。

2.经济发展状况

经济发展状况对企业财务管理有重大影响。经济的快速发展可以为企业扩大规模、调整经营方向、打开市场以及拓宽财务活动领域带来机遇。同时，经济的快速发展与资金紧张又是一对客观存在的矛盾，给企业的财务管理带来了严峻的挑战。此外，由于国际经济交流与合作的发展，全球经济活动日趋融合，企业财务管理人员应熟悉国内外经济环境，把握经济发展周期，为实现企业经营目标和经营战略服务。

3.通货膨胀

通货膨胀不仅危害消费者，也给企业财务管理带来很大困难。例如，通货膨胀会引起企业利润虚增，造成企业资金流失；增加企业资金占用，加大企业资金需求；引起利率上升，增加企业资金成本；引起有价证券价格下降，增加企业筹资难度；等等。只有政府才能控制通货膨胀，企业财务管理人员应对通货膨胀的发生及其影响有所预期，并采取积极主动的应对措施，减轻其不利影响。

4.竞争

竞争广泛存在于市场经济之中，市场经济竞争不仅最终表现为产品和劳务的竞争，而且表现为人才竞争、技术竞争、资金竞争、信息竞争和管理竞争。竞争既是机会，也是挑战。企业财务人员应认真研究本企业及竞争对手的特点，清楚自身的优势和劣势，探求财务管理的对策，为企业进行财务决策、制定财务策略提供可靠的依据，使企业在竞争中立于不败之地。

（三）社会文化环境

社会文化环境包括教育、科学、文学、艺术、新闻出版、广播电视、卫生、体育、理想、信念、道德、习俗以及同社会制度相适应的权利义务观念、道德观念、组织纪律观念、价值观念、劳动态度等。作为人类的社会实践活动，财务管理受社会文化的影响，只是社会文化的各方面对财务管理的影响程度是不同的。

（四）企业组织形式及内部环境

1.企业组织形式

企业组织形式是指企业财产及其社会化大生产的组织状态，它表明企业的财产构成、内部分工协作以及与外部社会经济联系的方式。企业组织形式按投资主体可分为三种：独资企业、合伙企业与公司制企业。不同的企业组织形式对企业的财务管理有着不同的影响和要求，财务管理要针对不同类型企业的特点进行。因此，企业财务管理人员需要对企业组织形式进行深入了解。

2.企业内部环境

企业内部环境是由企业的性质、组织形式、管理行为自身、委托代理关系等因素结合所形成的环境。

企业治理结构是企业内部管理的"土壤"，在很大程度上影响着管理层的决策以及对财务管理方法的选择。因此，研究企业内部环境是否良好就要充分考量企业治理结构是否健康合理。

在企业治理结构中，股东及股东大会与董事会之间、董事会与高层管理人员以及与监事会之间存在着性质不同的委托代理关系，形成一个委托代理链条。正确处理这些委托代理关系、规范企业治理机制，对企业财务管理目标的达成意义重大。

第四章 智能时代企业财务管理及其信息化建设

第一节 智能时代企业预算管理

一、智能时代企业预算管理的相关理论

（一）预算管理的战略性

战略是一个企业的方向，每个企业所拥有的资源、所处的阶段、领导者的管理方式和经营理念等都不同，因而其战略也不同。企业首先可以通过各种分析工具，如SWOT分析法、PEST分析模型等来明晰企业的优势和劣势、所处环境等，进而确定企业在行业中所处的位置、未来的规划以及为达成目标需要付出哪些努力，通过讨论，确定企业的愿景、使命、指导思想，再进一步确定企业的战略方案。企业的战略通常包括低成本战略、差异化战略等竞争战略，还包括营销战略、生产战略、投融资战略等各职能领域的细分战略。战略管理使得企业从长远考虑，发现、认识自身需要改变的地方以及如何才能改变。企业在确定战略要点之后，关键是落实，而不是将其束之高阁。

全面预算管理通过预测、规划、控制、分析及评价形成一个完整的管理控制体系，通过分析外部环境与内部资源，形成下一步经营预测与决策，系统规划企业在未来一段时间内的经营活动，从而在不断把握环境变化的前提下，实

现企业的可持续发展。战略决定着预算的起点，战略的不同使得预算管理的目标与重点不同，预算指标的选择体现了企业在不同时期的战略。预算管理贯穿企业的全业务环节，并且通过预算责任的落实，使得每个员工都了解企业的发展方向，明确企业的战略，使每个环节都处在预算控制的体系内。实行预算管理可以更好地落实企业的整体战略目标，同时通过评价与考评，使预算管理形成一个闭环，找出企业存在的问题，形成企业进步的基础。

（二）价值链体系

企业的价值链体系目前分为内部价值链体系、纵向价值链体系。内部价值链体系包括企业的基本活动，如销售、研发、售后等，以及辅助活动，如组织建设、人力资源等。目前越来越多的企业注重对自身的各个价值链环节进行分析，厘清各环节之间的关系，消除或者改进一些不再具备增值能力的环节，从而达到降低成本的目的。纵向价值链体系分析企业如何选择恰当的供应商，并与之建立良好的合作关系，利用信息技术整合供应商资源，还分析企业通过哪些方式来留住客户，及时分析消费者的各种变化，如地理、心理等方面的变化，调整自己的生产经营策略。例如，近年来，一些年轻人喜欢通过养猫来释放自己的压力，于是一些游戏公司设置了相应的云养猫程序，玩家通过支付相应的金币来获得自己的虚拟小猫，改变价值增值要素。随着信息技术的发展，数字化、智能化正在重塑企业的价值链。这对企业内部价值链体系的影响有：以市场为导向需要企业有更加快速的反应能力，从而使企业的组织结构扁平化；指标预测系统提升了产品的质量，辅助设计平台提升了人员的研发能力；等等。对企业纵向价值链体系的影响是，智能营销终端体系、电子商务的发展等使得企业可以及时获取销售、库存等信息，改变了企业与供应商、顾客的交互模式，实现了大规模个性化产品的定制服务。传统的全面预算忽视了战略的存在，一些企业仅仅在往期数据的基础上做粗略的估计，忽视了价值链环节上的各利益相关主体，不利于企业从整体层面构思预算的内容、指标，全面了解各业务活动的具体开展环节，以及产生的成本费用，也不利于企业长期战略目标的实现。将价值链管理的观念融入企业预算管理体系会使得全面预算管理体系更为完善。

（三）柔性管理理论

随着各种新产品、新服务、新生产和生活方式进入人们的日常生活，适应变化成为企业应该具备的能力。近年来，国家不断通过供给侧改革，以需求拉动经济增长，企业需要根据消费者的偏好，不断调整自己的产品和服务，创新成为企业不得不考虑的事项。企业发展目标是建立在企业所处的外部环境和内在条件以及企业自身的核心竞争力基础上的，当环境发生变化时，为适应这种变化，企业必须对战略进行相应的调整。

企业需要面对的是复杂的外部环境，包括竞争对手的变动、政治环境的变动、生态环境的变化、全球卫生安全的变化等。企业需要通过自身的动态运行来适应这种变化，通过开发新产品、新技术、新的商业模式等来应对竞争。过强的约束性会导致企业放慢脚步错过较好的竞争机会，被竞争对手"弯道超车"。所以，现代企业需要有刚中带柔、柔中带刚的管理体系。为了实现快速反应，企业需要柔性的管理体系来面对变化，包括组织架构、业务流程、方案选择等，如阿里巴巴集团的"大中台+小前台"的组织架构。企业不仅需要将柔性战略作为预算的逻辑起点，还要在预算的编制、预算指标的分解、预算的适时调整、预算的考评等方面保持一定程度的柔性，切合实际，有效调节，及时控制不确定因素等造成的成本支出。

二、智能时代企业预算管理的必要性

在新环境下，随着科技的进步，企业生产方式、组织类型等发生着巨大的变化。传统制造行业既包括狭义制造的部分也包括广义制造的部分。狭义制造指的是产品的生产过程，广义制造包括研发、采购、生产等各种活动，还包括与此相关的商业模式、创新模式、管理模式的变革等相关内容。除此之外，互联网的出现改变了企业的生态结构，不仅生产环节实现了自动化，营销模式也发生了翻天覆地的变化；网络营销、电子商务、新媒体运营等成为现代企业营销的重要一环，传统的销售、广告模式都发生了改变。互联网使得企业不再受地域、组织的限制，产品可以从世界各地运往消费者的手中，这对传统企业造成了巨大的冲击，企业原本的成本优势、地域优势变得越来越弱，互联网的出现需要企业改变自己的传统模式。

对于企业而言，信息技术使得其价值链上的一些环节发生改变，消费者所关注的重点也在发生改变，因此企业需要不断提升自己的服务质量。市场调查、设计开发、工艺改进、产品销售、售后服务等环节在价值链中所占的比重越来越大，且逐步呈现专业化的趋势。企业的战略也在发生变化。在智能时代，企业需要具备创新能力、学习能力，不断自我改造升级，企业的信息、技术、知识、专利、用户流量成为自身重要的资源，而预算管理使企业原先分散的资源得以有效整合，通过价值链分析，重新分配资源，提高企业整体资源的使用效率，从而帮助企业的战略更好地落地。

对于企业内部各职能部门员工来讲，快速的信息获取方式使得企业的组织结构发生了转变，员工素质不断提高，企业需要让员工参与到预算目标的制定当中，以更好地实施激励机制，给员工创造一个满意的环境。预算管理的全员性使得员工了解企业总目标、本部门的目标以及个人的目标，企业可通过绩效考评，激发员工的创造性。所有这些改变都需要企业及时编制应对方案。预算管理通过前馈控制，打牢控制基础，并且在战略的引领下支撑业务的转型发展；信息化使得企业可以更加快速且全面地获得执行数据，帮助企业管理人员快速分析和了解其经营活动的进展，从而提高资源的利用率。

三、智能时代对当前企业预算管理提出的新要求

（一）智能时代需要预算管理内容体系建设合理化

在新的时代背景下，企业的生产经营方式、商业模式发生了很大的转变，这导致企业的价值链逐渐改变，各个环节的成本构成也在发生改变，而预算管理的全面性、深入性不足，是很多企业在预算管理活动开展过程中存在的共性问题。随着市场调查、设计开发、工艺改进、产品销售、售后服务、报废处理等价值链环节所占比重越来越大，企业仅在生产经营过程中的某些环节实施预算管理的做法，虽然能在某个阶段、在某种程度上促进自身的发展，但从企业长远发展的角度来看，不能发挥其预算管理的真实效应。因此应当合理建设预算管理内容体系，确保预算管理覆盖各个环节。

（二）智能时代需要企业避免预算管理柔性缺失的问题

随着企业朝数字化、智能化方向发展，许多企业正在由传统的"大批量"生产转变为多品种、小批量生产，呈现出"柔性制造"的趋势，消费者对"个性化"的需求越来越强烈，"私人定制"模式也获得了人们的关注，工厂与顾客之间的距离越来越短，逐渐形成以消费者需求为导向的市场，企业不仅需要根据消费者的需求调整产品，更加需要通过创新来创造需求。在这一过程中，

企业的生产过程就会发生改变，需要引进新的生产链，实现单件生产。如何有效控制成本预算以及研发预算都将是企业需要面临的问题。

企业在制定战略目标时必须考虑到各种可能发生的变化，其战略目标应具有创新性和竞争性。一些企业的供应链、产业链较长，其中一环出现问题，就会产生较强的制约效应。因此，企业应该重视战略灵活性，在此基础上调整资源配置，进而引导业务活动的方向。预算目标如果缺乏灵活有效的调整机制，管理控制系统就会对资源分配过程产生较大的约束，不利于部门内部和部门之间的团队合作，使得各部门过于关注预算目标的达成，而放缓创新的脚步。严格的内部控制制度可以提高创新管理的纪律性，而全面预算管理执行情况的落实，不仅要靠强有力的刚性控制体制，还需要预算管理的柔性调节，避免传统预算"过度刚性"的弊端，使预算指标有序且可控。

（三）智能时代需要企业避免出现信息化建设滞后的问题

如今人工智能、云计算、大数据、新能源、新材料等领域都在实现突破，企业需要适应时代的发展，改变原有的生产管理方式，不断拓展网络数据服务方式。在信息化建设方面，有的企业仍存在一些问题。例如，一些企业的系统接口不连接问题，造成企业各部门产生信息孤岛现象，这就在预算管理方面加大了财务人员的工作量，财务人员需要耗费大量的精力去收集预算信息；又如，企业缺乏综合性人才，导致在系统出现问题时，不能及时解决，致使企业出现一系列连锁反应；再如，一些企业虽然建立了预算管理信息系统，然而员工对信息系统的应用并不熟练，企业缺乏有效的培训体系，对于安装系统之后的操作没有做出很好的安排，导致一些员工仍然采用传统的方式进行一些非正规流程操作，致使预算系统无法发挥自身提高预算体系标准化程度的作用。

目前越来越多的企业不只进行基础设施服务的外包，定制互联网产品服务也变得流行起来，如办公协同工具（OA）、财务管理工具（金蝶、用友）、财务共享系统等。目前有许多企业涉足企业对企业（Business-to-Business，B2B）服务，为其他企业提供个性化的管理系统信息化服务，通过实地了解目标客户的产品结构，根据不同的需求，搭建信息平台。一些大型企业内部设有信息部，帮助企业建立软件系统，满足企业的发展需求。

（四）智能时代需要企业组织机构的变革

预算管理作为可以统筹企业资源的一种管理方式，被越来越多的管理者所关注。全面预算管理需要企业各业务部门的参与，从预算目标的制定一直到预算的考评与分析，让员工了解自身工作的不足或者企业潜在的问题。作为支撑战略的管理控制体系需要专门的部门，这首先需要高层管理者重视预算，如果高层管理者对预算缺少认识，那么预算编制就只是财务部门的工作范畴，很难确保预算管理在企业全面展开。全面预算管理无法发挥作用，基层员工就难以认真参与到预算管理的实践中，业务与财务就无法建立起有效的联系。一项制度的建立需要企业花费人力、物力实现，如建立相应的组织机构、编制员工行为手册、规范制度流程等都是一个相对漫长的过程，预算管理也不例外。若企业高层管理者不重视，那么预算管理只是形式上的工作，缺乏相应的组织机构对预算的执行情况进行监管，预算就难以得到有效落实。

在一个不断变化的环境中，企业对外部环境、内部环境变化的反应能力需要进一步提升，预算管理需要更具有灵活性、适应性。只有全员参与预算管理，才能使灵活的预算方案得到有效落实，而不是纸上谈兵。因此，企业的预算管理要尽可能做到全员参与，使信息更加有效地在组织内部流通。组织内部有效沟通可以促进各部门对业务活动进行判断，从而有利于将资源配置到正确的业务上，同时也会促进组织内不同部门的业务衔接及目标协调。

四、智能时代下企业预算管理的方法

只有拥有全面、丰富的数据，才能建立完善的预算模型。预算模型是业务目标、活动和资源三个要素之间的逻辑体现，有效的预算模型有利于目标的合理规划和资源的有效配置，是预算管理的重要一环，也是预算管理体系建设中较为困难的部分。不同的业务活动会产生不同的业务目标和不同的资源需求，有限的资源则对业务活动的选择和预算目标的设定起到约束作用，通过三者之间的动态规划可以实现有限资源条件下的业务目标制定的最优化。企业的每一项业务活动都会对现金流、损益、资产负债表产生影响。例如，在进行人力成本预算时，从业务层面来看，人力成本按照薪酬项目分为基本工资、绩效工资等，按照所属部门，分为行政部、生产部、财务部等；从财务维度来看，又分为生产成本——人工成本、制造费用——工资、管理费用——工资等。

预算执行数据来源于业务数据，企业通过建立更加高效的信息化平台来实现数据的收集，如数据中台。企业的前台是由各个应用组成的前端系统平台。前端系统平台直接触及用户，通过前台企业可以与最终用户直接进行信息交互。例如，企业建立的电子商务网站、门户网站以及手机App、微信公众号等都属于前台。后台是由各个业务管理系统组成的后端系统平台，各个后台业务系统负责处理企业的相应业务，如财务系统、产品系统、客户管理系统、仓库物流管理系统等。存储和计算平台作为企业的核心计算资源，也属于后台的一部分。数据中台实现了数据的可复用性，即数据的共享。企业通过业务生产数据服务于业务。通过数据中台，可以了解企业的运行情况，数据中台通过商业智能（Business Intelligence，BI）技术以及柱状图、饼状图等一系列直观的形式，动态展现企业的实时业务进展情况，如图4-1所示。

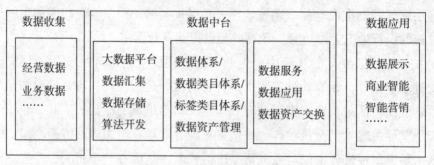

图4-1　数据中台的应用体系

（一）RPA对预算管理的辅助作用分析

如今机器学习已成为一项重要技术，已经被人们所熟知的事件有：著名围棋选手柯洁败给机器人，科学家通过给机器人内置成千上万种出棋策略使机器人自己做出判断。在财务领域，财务人员的一些工作属于人机交互中重复的工作，财务人员将大量的时间耗费在系统中进行各种表单填制，发票、数据审核等，如对账。RPA可以自动登录网银获得数据，并且自动打开财务核算系统进行对比，生成余额调节表。RPA通过联动多个业务系统并自动执行，不会影响企业原有的系统，不间断、零失误、高效率地完成事先编好的业务流程，帮助财务人员完成一些烦琐的工作流程。RPA目前已经应用在多个领域，如保险行业的系统清算、医疗行业的医保对账等环节。RPA24小时工作不仅可以提高工作效率，而且可以降低企业人力成本。企业还可以通过不断发现RPA可以应用的业务场景使其发挥更大的作用。

在实际应用过程中，RPA配有便于操作的图形用户界面，员工不需要拥有系统开发的经验就可以快速上手，轻松实现工作的自动化和优化的常规化操作，同时可以利用更多的空闲时间进行其他操作，让RPA负责以前由人完成的流程化操作。在传统工作实践中，无意的人为错误是无法避免的，特别是在进行重复性的工作时，大量重复、烦琐的人机交互，如复制、粘贴，应用打开、关闭，只是为了重复地从相同类型的文本中提取内容，很可能出现失误，而利用RPA可最大限度地减少这些失误。

企业可以借助RPA快速地实现从财务系统提取收入、成本等上期数据，从业务系统提取相关业务数据，并将财务数据、业务数据完成情况进行一定程度的匹配，得出业务与财务关联的历史规律，更好地帮助财务人员通过各类历史数据、业务数据与财务数据间关系的规律等预测或判断下一期的经营情况，进而简化其部分工作，使其将精力放在更加重要的地方。RPA可以快速高效地操作重复性的工作，预算管理人员在收到各部门发来的预算单据后，只需事先设置好规则体系，RPA即可通过文字识别，对多个应用程序实现打开、关闭等自动功能，将各类预算表单根据汇总表格分类汇总，自动比对预测数据，及时发现与模型测度差异较大的项目，并自动批注，从而帮助预算管理人员做进一步分析。

（二）企业资源计划预算管理模块工具分析

企业资源计划（Enterprise Resource Planning，ERP）的出现使得企业可以集合内外部信息，不再仅与供应商保持单纯的业务往来关系。ERP使得供应链上的每个环节都可以得到实时呈现，其通过供应商数据端接口将各个供应商的信息传递至企业，可以有效地匹配企业的需求与供应商的产品，高效快速地满足企业与消费者的需求；通过对生产、采购、销售等各方面的统筹规划，保障企业各项活动的顺利进行，实时记录企业的各项业务，反映企业的资金变化、人员变化等各种情况。同时，ERP自身所具备的数据处理能力使其可以进行各种分析，为企业各级管理层后续的决策提供参考意见，使决策更加科学可行。随着管理会计的发展，预算管理系统也逐渐成为ERP中的一个子模块，这一模块的应用大大增强了预算信息的准确性、全面性、及时性，提高了预算管理的价值。预算管理模块主要还是在财务体系内由财务人员来完成一系列工作，且该模块构建简单，主要提供对预算数据的预警控制，导致很多企业依旧面临预算编制方法、模式单一，忽视各个部门业务流程不同、关键驱动要素不同、预算侧重点不同等问题，使预算管理缺少灵活性，表格体系调整、预算模型定义的工作量比较大，系统自带的分析功能有限，只能做一些简单的分析呈现，无法对特定业务或者项目进行计划和预算，也不能对不同场景下的经营结果进行预测，预算执行控制的考虑因素不足，一些特殊项目无法融入预算体系，也做不到有效监控。

（三）独立的预算管理软件工具分析

随着技术的发展以及人们对预算管理认识的进一步深入，出现了一些独立的预算管理软件。企业从组织体系上开始重视预算管理，成立专门的预算管理委员会，独立的预算管理软件还使得预算管理体系的设计更加全面，功能更加多样灵活。例如，在用户界面（UI）层，员工可以通过电脑端或手机App进入预算系统，快速完成预算数据的填报、审批等工作，在数据分析上，可使用商业智能（BI）工具，深入全面地挖掘投入与产出之间的关系，从产品、客户、区域、渠道、部门等视角分析预算的执行情况，并且可以选择多种财务分析方法进行分析，实时导出各种形象具体的图表，为管理人员呈现更加直观的预算执行情况。独立的预算管理软件可以调动企业的多种业务数据，通过对比分析预测，让数据有据可依，有迹可寻。预算管理软件功能多样化，使得预算的编制更加准确，其通过调用大量的数据，依照模型体系，实现业务与财务的同向发展。另外，其提高了企业全体员工预算管理的参与度，通过有效地集合、追踪企业的各项经济资源，帮助员工提高在计划、预测、分析等方面的效率，使业务活动与财务指标体系连接起来，形成系统、全面的预算数据，为管理人员提供更好的决策支持，从而促进业财融合的进一步发展。

五、智能时代企业预算管理的对策

（一）优化组织机构

在智能时代，企业的内部组织机构已有所改变。例如，越来越多的企业需要设立研发部、产品部、运营部、信息技术部等，同时增加许多新型的管理岗位，如产品经理、数据运营、内容策划等，以支撑经营活动的进行。所以，企业需要明确自身的组织架构、各部门的职责及权限，梳理各业务部门的工作流程，才能明确各项业务可能会产生哪些费用，进而形成有效落实预算管理的基础，预算的控制及分析指标才能更加合理，才能减少部门之间相互推诿现象，提高全面预算管理的协调效率，确保预算数据的合理性，增强全面预算的可操作性和适应性。另外，为了能够全面了解业务的进展，快速实施预算管理，企业需要在集团层面设置预算管理组织机构，对预算全流程进行把控，将企业的战略融入预算目标的制定过程，让员工了解企业的发展方向，在企业战略的引导下编制合理的预算，调动组织机构内全体员工参与预算管理的积极性，及时发现问题，解决问题。

（二）构建以战略为导向的全面预算内容体系

在企业的不同发展阶段，其战略可能存在差异，在企业转型发展的过程中，各部门的工作方向也会发生变化，如应用一个新的技术或者改变原有的某种工作方式。要想使战略导向的全面预算有效落实，充分发挥其作用，企业就要了解实现战略目标的路径。企业可以通过平衡计分卡进行战略架构设计，从财务、顾客、内部流程、学习与成长四个方面来确定财务目标或者投融资方案，提高顾客满意度，改进内部流程，减少成本，提升效率，明确成长方向，建立企业级关键成功要素，进而逐层分解，落实到每个部门及员工的关键绩效指标（KPI）。通过企业及员工的KPI，明确预算目标的重点，可以让预算编制人员更加清楚地了解各业务的关键点，以及各个部门可能会产生哪些预算项目，进而合理构建预算内容体系。企业要全方位考量预算内容体系，既要保证其方向正确，又要保证其内容完整，如此才能大大提高预算的有效性，为开展战略预算管理创造条件，保证预算符合企业实际情况。

现代企业员工的KPI相较传统指标也发生了改变，需要运用多种非财务指标，因为一些员工的KPI不能全部用财务指标来衡量，如评价UI设计部门的业绩等。随着企业员工的文化素质、受教育水平的提高，企业不能再刚性要求员工，而是需要以战略为导向的预算管理通过柔性的评价体系将战略预算有效落实。企业在对员工进行预算执行效果的评价时，要将财务与非财务指标结合起来，并且在构建考核体系时与员工充分沟通，满足员工学习成长等多方面的需求，尊重、关怀员工，让员工积极融入企业，并为企业创造价值。

（三）实现动态预算

在智能时代，预算的调整方式变得更加方便快捷，企业员工可以直接在系统内提交调整申请，在线上进行调整、审批等工作，使得预算更加符合业务的进展情况，同时预算执行情况的追踪也变得更加准确。区块链会助力展现企业资金、资产的运行情况，财务指标分析可提升业务人员的分析决策能力，使得预算的调整有章可循。预算调整是在动态环境下不可避免的情况，预算管理委员会应该按照预算调整的类型，根据不同的预算管理权限，选择不同的预算调整流程，大致分为重大预算调整事项和一般预算调整事项。重大预算调整事项必须首先制订预算调整方案，包括调整的理由、项目、额度、当前时间、预计调整后完成任务的时间、任务的完成情况等。预算管理委员会经过审议后做出通过或不通过的决策，将审议通过的预算调整方案下达至执行单位执行，审议不通过的仍按原预算方案执行。对于一般预算调整事项，可以由上级主管根据管理权限进行自主调整。企业应该为各部门主管设置可自行调整范围及在何种情况下方可调整的权限，以保证预算项目的顺利进行，从而提升工作效率。

随着外部环境变动越来越频繁，企业需要不断地根据对外部环境的预测做出判断，尽力做到以市场为导向，不断进行突破与创新。滚动预算摆脱了会计年度的制约，能够改变传统企业以年为单位这一预算管理观念。滚动预算所采用的编制周期短，通常只详细列示第一个季度各月份的预算，对于后续季度的预算则只进行粗略计算。这样做的优势是使企业在外界环境发生变化时，预算目标可以及时变动，增强了企业的应变能力。但是企业在实际编制滚动预算的过程中遇到的困难较多，其中最大的困难就是在每月的预算编制过程中，不管是主要负责的财务部门还是相关业务部门，都要耗费大量时间去填报与调整数据。在传统预算业务活动中，预算审批流程耗时较长，无论是预算编制基础资料的收集和整理，还是数据的分析对比和填制都容易出现错漏风险，预算的相关分析也会由于企业内部管理不当而缺失，预算执行的相关数据信息无法有效获取。RPA的出现为滚动预算在企业中的实际应用提供了很多便利，如图4-2所示。

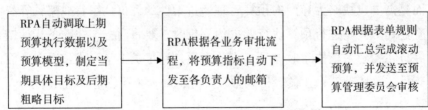

图4-2　运用RPA实现滚动预算

（四）构建基于价值链的预算管理体系

企业的商业运作模式在不断改变，如人们对电视机的使用率大幅下降，各种各样的新媒体进入人们的生活，依托互联网的发展，自媒体时代已经来临。企业在互联网上投放各种广告，形式多种多样，但是在这个过程中，不是每一种方式都能引发正向的结果。首先，企业需要利用合理的非财务指标来评价和分析广告投放效果，如平台点击率等；其次，企业还需要从价值链的角度，考量此投放渠道与销售量之间的关系，只有真正考量预算指标之间的关系，预计选择某种方式真的会为企业带来收益，才可以将资源配置在这个环节，以防止出现花费大量的资金而无法取得收益的情况，只有通过完整分析，才能在下一期建立预算目标时具有针对性。智能时代基于价值链的预算管理体系如图4-3所示。

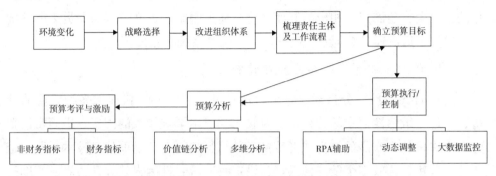

图4-3 智能时代基于价值链的预算管理体系

（五）恰当运用智能化方法

1.做好建立预算管理体系的筹备工作

第一，企业要从战略上明确信息化建设的意图、目的，以及预算管理体系所处的地位与所发挥的作用。管理层要重视预算管理体系在企业中所发挥的作用。

第二，企业要从人员上保障信息化建设的落实。企业信息化建设的逐步完善需要配备专业人员，如财务信息官等，以解决各部门的软件系统随时可能出现的问题。随着业财融合脚步的加快，市场越来越需要既懂得业务流程，又懂得财务管理的人员。企业需要对财务人员开展定期培训，以推进自身信息化建设进程。

第三，企业在构建自身的信息系统时，对于各项业务活动可能会产生的各系统之间的连接、会计科目与预算科目的设置以及各种勾稽关系，都需要提前理顺，这样才能方便员工之后的录入、整理等工作。例如，员工在申请差旅费时，会填写费用申请表；员工在报销差旅费时，会通过网上报账系统，输入报账的事由以及发票等信息，审核通过之后，会计核算系统会将其计入管理费用，资金管理系统也会通过银企互联等功能同时实现资金的转出。企业的预算管理系统通过与外部系统的连接快速得到这些信息，预算利润表内的差旅费会发生改变，预算资产负债表中的货币资金会发生改变，预算现金流量表中的支付的其他与经营活动有关的现金也会发生改变。

第四，任何新的事物真正进入企业都需要花费较长的时间，信息化建设也一样。企业需要提前制订相关计划，包括在构建系统前，考虑可能会涉及哪些员工的利益或者需要哪些员工配合，提前与这些人员做好沟通。在实施信息化的过程中，还需建立相应的制度文化，通过制定相关文件，帮助员工解答疑惑，让员工形成通过数据查证的习惯，让信息系统真正发挥作用。

2.构建基于多维数据仓库的预算管理系统

智能时代的预算分析通过计算机的帮助，可以实现快速的多种维度的分析，通过对敏感性因素的分析得出对收入或成本影响较大的因素，进而帮助企业做出终止某些产品的销售或者替换某种材料的决定。借助信息技术手段，企业可以分析和选取多个敏感性因素，设定每个敏感性因素的弹性边界，帮助管理人员制定预算目标，并使目标更加合理。智能时代的预算差异分析基于丰富的企业数据积累，选取适当的指标，建立恰当的模型，分析预算差异产生的原因，使得预算差异分析更加具体，为下一期预算提供更好的决策依据。对于指标的选取，则需要企业长久的经验积累。

目前市面上一些主流的预算管理系统都是采用自主建立的多维数据仓库进行预算分析的，可对预算和实际发生的数据进行灵活、快速、多角度分析查询。多维数据仓库可以把企业的业务数据抽象成维度，并建立起各部门业务数据的关联。维度可以简单理解为预算编制的对象或角度，如产品、客户、项目、部门等。多维数据仓库的另一个核心是数据表，其对于预算管理来讲通常是指本月预算等。操作人员可以对各个维度进行操作以获取不同维度组合下的数据表，如获取第三季度的A、B、C客户在主营业务收入指标上的预算数与实际数，也可以单独获取第三季度A客户在主营业务收入指标上的数据。多维数据仓库立体图如图4-4所示。

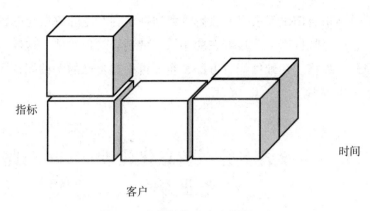

指标

时间

客户

图4-4 多维数据仓库立体图

基于多维数据仓库的预算管理系统可以提供强大的情景模拟测算支持，组织甚至个人都可以利用模型进行模拟和测算，从而编制最适合的预算提案。在实际活动中，各预算项目的影响因素不同，这些影响因素可以通过财务或者业务数据指标得到，外部数据也可以被纳入指标体系，这样可以满足企业不同的情景规划需求，帮助企业快速建立情景假设。通过搜集客户、供应商、替代者、竞争者、潜在进入者以及社会、政治、经济、技术和自然等方面的信息，确定角色、地点、时间、动机、事件、方式方法，将企业置于不确定性中，帮助企业在整个商业生态系统中进行思考，将核心问题放在不同情境下进行校验，了解需要通过什么方法来解决问题，建立预警系统，通过分析相关指标做到未雨绸缪。

如果企业的预算管理软件可以实现多维数据仓库上的what-if分析模型，则可以针对假定条件进行快速设置以及测算，将各种常用变量指标嵌入系统，得出企业在不同假设条件下的资源配置结果，洞察在各种环境下不同指标的重要性以及权重配比，使企业及时做出战略调整以及预算指标调节，进而指导其快速转变业务活动的方向，方便员工快速导出结果。例如，某集团在编制预算时会梳理各产品模块的现有产能、市场份额、销售模式、资金约束、人员约束等，可以在系统内直接假设市场份额下降5%，产能利用率下降30%等，确定销售收入将会如何变化，以提高预算目标制定的科学性。SAP BI高级分析及一些预算管理软件都是建立在OLAP（On-line Analytical Processing）处理器基础之上的，通过加入或移除各类数据，可以大大提高数据分析的效率，动态显示预算的关键性指标，通过设定最大值、最小值发现超出数据，并针对特定指标获取业务、财务数据明细，为管理层决策提供更好的服务。所以，企业应该先具备数据源，其来自ERP等系统，然后将数据抽取到对应的数据仓库，如合并报表数据库、预算数据库等，接着在应用层安装预算管理软件，这样可通过多种形式呈现预算数据。在硬件配置方面，企业可根据自己的条件配置服务器，提高系统的运作效率。

第二节　企业成本管理信息化建设——以公路施工企业为例

一、公路施工企业成本的概念

公路施工企业成本是指在公路工程项目的实施过程中所发生的全部费用的总和，包括原材料、辅助生产材料、零星材料等费用，周转材料的摊销费或租赁费，施工机械的使用费或租赁费，支付给生产人员的工资、奖金、工资性津贴，为完成施工项目而发生的现场管理费、税金及其他附加费等。公路施工企业成本管理是工程项目管理的一个重要组成部分，从施工项目参与投标报价开始到通过竣工验收返还保证金为止，贯穿项目实施的全过程。

公路施工企业成本管理是一种企业管理的增值服务工作，其核心目标是使公路施工企业合理控制施工成本，获得更大利润。

二、公路施工企业成本的构成

目前大中型公路施工企业主要业务模式为施工企业通过公开的市场招投标活动获取施工项目，在获得项目以后，公路施工企业根据自身情况，在国家相关法律法规规定的范围内选择内部劳务工程分包或部分非关键工程专业工程分包，由劳务分包单位和专业分包单位合作完成施工项目。所以，公路施工企业成本的构成与传统项目成本的构成有所不同。

公路施工企业成本按施工企业的业务管理模式可分解为如下项目：自行施工费、工程分包费、工程税金及其他附加费、业主规定费，如图4-5所示。

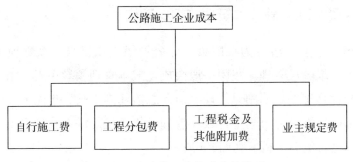

图4-5　公路施工企业成本的构成

（一）自行施工费

自行施工费由直接费、其他直接费、间接费构成。

（1）直接费由人工费、材料费、机械费、内部工程分包费等构成。

（2）其他直接费由场地建设费，临时工程、测量、检测及试验费，施工用电、水、气费，设备安拆费，维持通车通航费，周转材料、设备进退场费等构成。

（3）间接费由管理人员工资、福利费、工会经费、职工教育经费、固定资产使用费、办公费、差旅费、人员进退场费、保险费、研发科技支出费、劳保费、会务费、投标费、咨询费、排污费、税金（印花税、车船使用税、堤围防护费、其他税金）、业务招待费、工作餐及夜餐费、安全环保费、竣工资料费等构成。

（二）工程分包费

工程分包费是指业主投标文件中允许分包或业主指定分包部分所发生的费用，一般按照实际发生的工程数量乘以相应单价进行核算。

（三）工程税金及其他附加费

工程税金及其他附加费指营业税、城建税、教育费附加、地方教育费附加及政府规定缴纳的其他税费等。

（四）业主规定费

业主规定费指投标时业主列明用途的费用。

三、公路施工企业成本管理的组织架构

公路施工企业一般分为集团级、分公司级、项目级三级管理体系，成本管理也实行三级分层管理。集团一般会成立成本管理领导小组，由总经理任组长，分管经营管理的集团副总经理、财务总监任副组长，集团下设的各个具体职能业务部门对下属分公司进行成本管理。集团级的成本管理主要是对集团整体业务成本进行汇总分析，如图4-6所示。

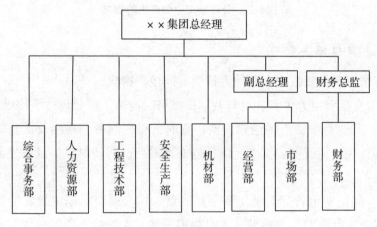

图4-6　XX集团成本管理领导小组

分公司级的成本管理体系与集团级的成本管理体系相对应，一般也是成立以分公司经理为组长的成本管理小组，下设各个具体业务部门对下属项目部进行成本管理。成本管理小组负责整理汇总本分公司业务范围内的各个项目成本，并及时上报至集团。

项目级的成本管理是最基层也是最重要的成本管理，是公路施工企业成本管理的核心。公路施工企业的主营业务收入就是工程项目施工收入，主要成本支出也在施工项目上发生，所以施工项目部是公路施工企业成本控制的一线部门，是具体的成本管理、控制的执行部门。施工项目成本控制是否有效，是企业成本管理是否成功的关键。一般情况下，施工项目部会成立以项目经理为组长、项目副经理及其他领导为副组长、各个业务部门为组员的成本管理领导小组。项目经理一般由集团委任，全权负责施工项目的各项管理工作，下设各个具体业务执行部门进行成本管理，如图4-7所示。

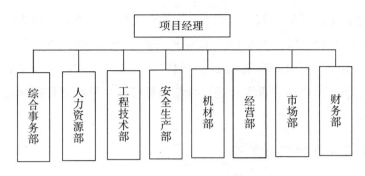

图4-7　XX施工项目部成本管理领导小组

公路施工企业成本管理具体执行部门是施工项目部。施工项目部是公路施工企业根据施工项目的具体情况设立的一个临时性的管理机构，代表企业进行具体项目的实施。项目经理在企业法人的授权下代表企业履行施工合同。施工项目部一般会配备以项目经理、项目书记、项目副经理等为主的一套临时领导班子。根据项目规模及具体特点，施工项目部一般下设综合事务部、人力资源部、工程技术部、安全生产部、机材部、经营部、财务部、实验室等部门。其中项目经理是项目成本管理的第一责任人，各个部门都是项目成本管理的参与者，根据自身的成本费用构成情况，制订相应的部门成本控制计划，按期做好部门内部的成本核算，进行成本控制。经营部为施工项目部成本管理的归集核算部门，其负责对成本核算数据进行归集、整理、汇总，以规定的成本管理表格格式按期形成成本核算报表，并及时将成本核算报表提交至项目领导层，供项目领导在成本控制方面进行决策分析。

四、公路施工企业成本管理的任务

公路施工企业成本管理的任务就是在保证施工项目质量、安全、进度的前提下，采取组织措施、经济措施、技术措施、合同措施等各种管理手段，把施工项目成本控制在总体目标成本之内，并通过动态的成本分析控制，加强过程成本管理，寻求进一步降低施工成本的方法，使企业在施工项目中获得更大的利润。公路施工企业成本管理的环节主要包括以下内容。

（一）投标前成本预测

公路施工企业投标前成本预测是在施工项目投标前对项目成本进行的估算，是根据施工项目所在地的各类成本信息和施工项目的具体情况，结合企业成本定额及企业以往的类似项目成本，运用一定的核算方法，对投标项目的成本水平做出的合理估算。投标前成本预测一般在分公司层面进行。在项目投标前进行成本预测，可以测算出拟投标项目在满足项目业主具体要求的前提下的整体成本水平，为企业管理者在是否参与项目投标、采取何种投标报价策略等方面提供参考。

（二）总体目标成本计划

公路施工企业总体目标成本计划是施工项目中标后企业编制的，有关施工项目在实施期内计划发生的各项成本费用、根据项目中标合同金额计算的项目计划收入以及通过计划收入与目标成本对比测算的项目计划利润率等一系列计划文件。总体目标成本计划是施工项目成本管理及控制的目标，是建立和实施施工项目成本管理责任制的基础，也是制订实时性成本计划的指导。

总体目标成本计划一般由分公司层面编制并下发到施工项目部，作为施工项目部成本控制的目标性文件。总体目标成本计划一般在施工项目中标进场施工后三个月内编制完成。其编制方法与投标前成本预测基本一致，是对投标预测成本的进一步细化。总体目标成本计划编制一般遵循以下原则：从项目实际情况出发、与其他施工计划相结合、采用先进企业定额、统一领导、分级管理等。

（三）总体实施性成本计划

公路施工企业项目总体实施性成本计划是在总体目标成本计划的基础上由施工项目部编制的。施工项目部由项目经理牵头，组织项目各个职能部门，根据施工现场的具体工程情况，依据分公司下发的总体目标成本，制订详细的总体实施性成本计划。总体实施性成本计划一般应控制在总体目标成本计划之内。总体实施性成本计划是施工项目部编制年度、月度成本计划的依据，也是项目实施过程中期间成本控制的依据。

（四）期间成本计划

公路施工企业项目成本核算一般根据施工项目的工程进度统计按月进行，核算周期与工程进度统计周期保持一致，一般以核算期当月的25日为核算周期的截止时间。在成本核算月月底要根据施工项目的月度进度计划编制下月的期间成本计划。期间成本计划是对核算周期内预期发生成本的估算，一般是将总体实施性成本计划分解，并根据具体的施工项目进度进行调整。

（五）期间预算成本、实际成本核算分析控制

公路施工企业期间预算成本是根据施工项目当期的实际工程进度，按照企业定额及限额领料核算出来的理论成本消耗，是期间实际成本核算分析的参照。期间实际成本是核算周期内为完成一定工作量而发生的各种实际消耗，以及其他直接、间接费用的总和。

期间实际成本核算分析按核算周期不同分为年度成本核算、月度成本核算。成本核算一般分为三个基本环节。一是参与成本核算的施工项目各部门都按照规定的成本科目对当期各项成本费用进行归集整理，并统一汇总至成本核算归集部门。二是成本核算归集部门根据各个部门汇总的数据，采用适当的方法，计算出核算期间的实际成本金额。三是成本核算归集部门对期间计划成本、预算成本、实际成本进行对比分析，对于偏差较大的科目，找到成本科目责任部门，分析原因，对于成本增加的科目，找出增加的原因，分析对策，加大对该科目的成本控制力度，改进成本控制措施，对于成本节约较多的科目，做好总结推广工作。成本核算归集部门将最终的期间成本分析提交给项目经理及项目主要领导，并组织项目成本控制小组召开期间成本控制会议，对期间成本出入较大的项目提出改进措施，对成本节约项目做好宣传学习，对下一阶段期间成本管理提出具体建议。

公路施工企业成本控制是根据成本核算分析得出的结果，针对具体的成本偏差项目进行的成本动态管理工作。成本控制是在项目施工过程中，对于偏差较大的成本项目，找出对其影响较大的各种因素，并采取有针对性的措施，将施工过程中的实际成本支出控制在成本计划的范围之内，努力减少施工过程中的各项消耗，降低施工成本。成本控制是整个施工成本管理的核心环节。

（六）最终成本考核

公路施工企业成本考核一般以项目为单位。在项目施工前，分公司会根据总体目标成本计划与施工项目部签订经营目标责任合同。合同一般会约定项目的目标利润、实现目标利润或超过目标利润时对项目实施者采取的奖励措施以及达不到目标利润时对项目实施者采取的处罚措施等。

最终成本考核是指在施工项目完工后，核算出项目的实际成本、最终收入以及实际利润，对比分析目标利润与实际利润，按照经营目标责任合同的约定对施工项目各责任主体给予相应的奖励和处罚。

通过成本考核，及时兑现经营目标责任合同约定的奖罚措施，做到奖罚分明，能更好地调动项目实施者的工作积极性，从而降低施工项目成本，提高施工项目的收益。

五、公路施工企业施工成本管理的基础工作

公路施工企业成本管理的基础工作涉及诸多方面，如成立成本管理机构，制定成本管理、核算、考核制度，建立成本数据库，统一成本核算期间，建立成本管理责任体系等基础工作，其中成本管理责任体系涉及成本管理的一系列管理制度、工作程序、核算办法等。公路施工企业应从以下方面做好成本管理的基础工作。

第一，制定公路施工企业内部成本管理制度的各项表格及流程。各项表格内容应能反映施工项目成本的构成，各成本项目的编码及名称，各成本项目的计量单位、数量、金额，成本的责任部门等。各项表格需要企业根据自身的成本科目组成、分类进行设计。成本管理流程应能涵盖整个成本管理周期，对成本管理的各个环节提出具体要求。

第二，建立公路施工企业内部定额，并对施工定额进行实时更新，使其保持合理性、先进性，与市场同步。企业内部定额是制订投标前成本计划和总体目标成本计划的依据，也是项目成本控制的一个工具。企业内部定额代表着企业的生产力水平，是施工项目进行成本控制的一个限额标准。当施工项目的实际消耗超出企业内部定额时，表明施工现场管理未能达到企业正常的管理水平，就要分析消耗偏高的具体原因，找出具体的影响因素，进行有效的成本控制。

第三，建立各种生产要素价格信息库并及时进行更新，同时做好市场行情的预测，保证各类生产要素价格准确。建立企业的分包商、供应商评审注册制度，成立合格供应商库，发展稳定、良好的供方关系，为编制施工成本计划以及实施内部劳务分包与采购工作提供支持。

第四，建立完工项目的成本数据库，加强完工项目的成本核算及考核工作，及时将完工项目的成本数据更新至企业成本数据库中，为后续项目成本计划及成本控制提供参考依据。

第五，确定成本核算的统一期间，制定完善的成本考核奖罚制度，按标准化要求规范成本管理的各种业务操作流程，加强成本管理人才的培养工作。

六、公路施工企业成本管理信息化

（一）公路施工企业成本管理信息化的概念

公路施工企业成本管理信息化是指将公路施工企业的传统成本管理与企业信息化建设相结合，利用现代计算机及网络技术的先进手段和方法，结合集成项目管理系统，实现成本管理数据的归集、汇总、整理、核算、分析的全程自动化。其可提供及时、准确的系统成本数据，为企业决策提供依据。成本管理信息化最直接的目标是提升企业的管理水平。

（二）公路施工企业成本管理信息化的主要模块

公路施工企业成本管理信息化是公路施工企业根据施工成本的组成，将其按自行施工费、工程分包费、工程税金及其他附加费、业主规定费等大项划分，建立统一的成本科目标准台账，并关联各个业务模块数据进行数据的自动化采集、归集、汇总、核算。成本管理信息化主要涉及项目管理系统中的七大模块：进度管理模块、合同管理模块、物资管理模块、设备管理模块、人力资源管理模块、费用报销管理模块、成本管理模块。其中，成本管理模块是其他模块的集成模块，其他模块数据利用网络技术统一归集到成本管理模块中，再由成本管理模块汇总出成本数据。

1.进度管理模块

进度管理模块主要由进度控制计划、初始化、期间作业计划管理、期间作业完成统计管理、进度分析等功能组成。它主要是一个用来编制工程总体及年度、季度、月度施工计划和核算实际完成量的模块，具体负责部门为项目工程技术部。项目工程技术部要按照公路施工项目的具体情况，编制详细的总体进度计划，同时编制年度、季度、月度施工计划及物资、设备的需求计划等，按期核算实际完成情况，并与计划进度进行对比分析。进度计划及实际进度统计是制订期间成本计划及确定期间预算成本的依据。进度管理模块功能表如图4-8所示。

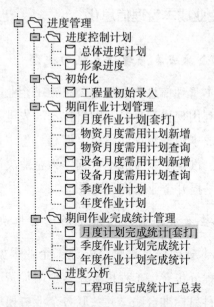

图4-8　XX企业进度管理模块功能表

2.合同管理模块

合同管理模块主要由基础资料、集中采购、合同录入、合同拆分、合同执行、合同收款、结算支付、报表台账、合同查询检索等功能组成，主要是一个用来管理整个施工项目的合同评审、签订、结算、支付、终结、关闭，提供合同报表的管理模块，具体负责部门为项目经营管理部。

结算支付是项目成本管理的重要组成部分，对应公路施工企业成本项目中自行施工的内部劳务分包结算，是合同管理的重点内容。一些公路施工企业采取劳务分包的模式实施项目，由劳务供应商提供劳务人员，企业提供大宗设备、材料，共同完成整个工程项目的施工。公路施工企业通过内部竞价的方式选择劳务供应商，与其签订劳务分包合同，具体项目按劳务分包合同与劳务分包单位办理系统内的结算支付。其合同结算周期与成本核算周期要求一致。合同管理模块功能表如图4-9所示。

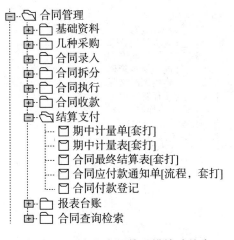

图4-9　XX企业合同管理模块功能表

3.物资管理模块

物资管理模块主要由基础资料、物资计划管理、物资采购管理、周转材料管理、物资调配管理、库存管理、存货核算、摊销费用管理、统计报表等功能模块组成，主要用来对整个项目的大宗材料、周转材料的采购计划、调配、领用、核算等进行管理，具体负责部门为项目物资管理部。

库存管理对应的出库业务是整个项目物资管理的重点，也是项目成本管理的重点，同时是项目成本的重要组成部分。项目物资管理部要做好日常的物料入库、出库及库存盘点等工作，其每月出库报表核算期间要与成本核算期间一致。物资管理模块功能表如图4-10所示。

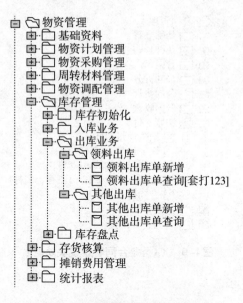

图4-10 XX企业物资管理模块功能表

4.设备管理模块

设备管理模块主要由基础资料、设备档案、设备计划、设备采购、设备调配、设备租赁、设备维修、设备清理、设备核算、设备报表等功能模块组成，主要用来对整个项目的自有、外租设备的采购、调配、日常维修、核算等进行管理，具体负责部门为项目设备管理部。

设备租赁、设备维修是项目设备管理的重点。公路施工企业大型设备一般由分公司统一招标采购，具体使用管理由施工项目部负责。设备租赁及维修费用核算周期也要与成本核算周期一致。设备管理模块功能表如图4-11所示。

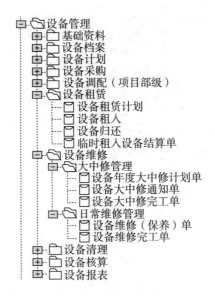

图4-11 XX企业设备管理模块功能表

5.人力资源管理模块

人力资源管理模块主要由薪酬管理、社保管理等功能模块组成，主要用来对整个项目人员工资、保险等进行核算管理，具体负责部门为项目部人力资源部门。其核算周期要与成本核算周期一致。人力资源管理模块功能表如图4-12所示。

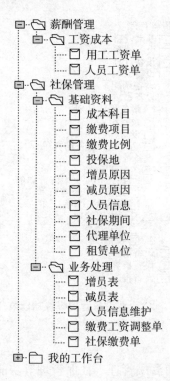

图4-12　XX企业人力资源管理模块功能表

6.费用报销管理模块

费用报销管理模块主要由费用管理等功能模块组成，主要用来对整个项目各类间接费用中的业务费、办公费、水电费等一系列零星费用进行分类、归集，具体负责部门为项目财务部。其核算周期要与成本核算周期一致。费用报销管理模块功能表如图4-13所示。

图4-13　XX企业费用报销管理模块功能表

7.成本管理模块

成本管理模块主要由投标成本、计划成本、期间成本、成本分析、成本月结等功能模块组成。成本管理模块是整个项目管理系统的核心模块，其主要作用是对核算周期内的实际成本进行核算并将其与理论成本数据进行对比分析，从而找出成本超支的项目，明确下一个核算周期的成本控制重点。项目成本一般采用月度核算分析。其日常管理由项目经营部牵头，各部门参与。成本管理模块功能表如图4-14所示。

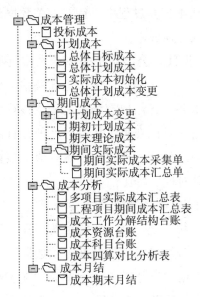

图4-14　XX企业成本管理模块功能表

（三）公路施工企业成本管理信息化的前提和方法

1.公路施工企业成本管理信息化的前提

公路施工企业成本管理信息化的前提应包含以下几点。

第一，公路施工企业已开展信息化建设，有专业的信息化硬件设备及相应的管理制度，统一了信息化的标准规范，信息化系统建设已基本完善，全面集成，可融合各个模块数据。

第二，各个功能模块数据已实现线上操作，不同模块可通过企业的标准化数据库相互融合，各项信息化实施制度得到有效落实。

第三，配备了充足的信息化管理人员，各个部门的管理人员对信息化硬件和软件已能熟练应用，能按时完善信息化系统模块中的各项数据。

2.公路施工企业成本管理信息化的方法

（1）统一成本科目台账。公路施工企业成本科目台账的统一是公路施工企业标准化建设的一项具体内容，是实现整个成本管理信息化的基础工作。项目成本核算的重点是核算完成项目的实际消耗。实际消耗包含的内容很多，需要规范的科目来核算。成本科目台账是根据公路施工企业成本的组成而进行的具体成本科目划分，按照数据标准化的要求使得每个部门的成本消耗都有统一的核算科目。在每期的成本核算过程中，针对相关数据，要根据成本的消耗勾选相应的成本科目并计入当期成本。

（2）统一成本核算期间。公路施工企业成本涉及物资、工程、设备、人力资源、财务等多个部门，在信息化系统中也涉及整个项目管理的各个模块，这就要求涉及成本消耗的各个部门要有统一的成本核算期间。一般成本核算是按月度进行的，这要求各个部门在每个核算月度的25日前将本月所发生的实际成本数据录入项目管理系统的相应模块中。统一成本核算期间可以使成本数据更加真实、准确，更有针对性、可比性。

（3）建立施工项目的工作结构分解数据库。施工项目信息化管理的基础是对项目进行工作结构分解，把一个工程项目按照标准化的格式要求，结合公路工程分部分项的原则，分解成具体的分部分项数据库。工作结构分解数据库是整个成本管理的核心数据库，是确定目标成本、制订成本计划的基础。

（4）编制投标前成本预测、总体目标成本计划和总体计划成本。它们都是公路施工企业根据自身的管理特点、结合企业定额与施工项目的具体情况制定的纲领性计划文件，在成本管理信息化过程中起到整体的对比、控制作用。在项目管理信息化系统中按标准化格式录入以上数据，作为后期成本核算的基础。

（5）编制期初成本计划。期初成本计划是根据施工项目的施工进度计划编制的，企业通常在成本核算周期的期末编制下一个成本核算周期的成本计划。期初成本计划由施工项目的经营部门负责编制。首先，由工程技术部门编制施工进度计划，其次，由各个参与成本消耗的部门根据工程施工进度计划制订各部门的消耗计划，最后，由经营部门根据各参与成本消耗部门提供的消耗计划编制期初成本计划。

（6）核算期间预算成本。期间预算成本依据施工项目的实际施工进度，按照统一的核算期间，根据工作结构分解数据库中的资源消耗清单及期间成本计划中的其他费用消耗进行核算。由工程技术部门统计核算期间的实际完成工程量，并更新项目管理系统进度模块中的实际完成量数据，系统根据实际完成量自动计算资源消耗量，同时根据期间成本计划中的其他费用集成，汇总得出期间预算成本。

期间预算成本是期间实际成本对比的依据，是成本分析的一个参照标准，在正常情况下实际成本不能超过预算成本。

（7）核算期间实际成本并进行对比分析。期间实际成本是施工项目在一个成本核算周期内完成一定工作量所消耗的全部实际成本，按照实际发生的原则进行核算。在每个核算周期期末，各个参与成本消耗的部门将本周期的实际消耗录入信息化系统对应模块，并勾选相应的成本消耗科目，使其进入成本集成系统。成本核算部门在核算周期期末汇集各个模块的成本数据，进行系统汇总、分析。信息化系统中的成本管理模块会自动对比出理论成本与实际成本的差距，还可查询具体的成本科目对比，从而迅速找出超支或节支的具体成本科目，为企业提供成本控制的依据。

第三节　基于信息化的企业集团资金集中管理

一、信息化环境下企业集团资金集中管理的概念

企业集团资金集中管理是指母公司在企业集团战略目标的指引下，依靠资本纽带或契约纽带等，通过控制或参与成员单位的经营和决策过程，聚集资源，实现资金安全与增值的管理方法。

在信息化环境下，企业集团资金集中管理是指企业集团采用合适的资金管理模式，利用网上银行和资金管理软件等信息化手段，以完善的集团结算网络为基础，从人财物、产供销各个环节控制企业集团资金流动的全过程，规范企业集团的集中开户、集中结算、统一授信、集中投资及融资，以整合企业集团的资源，实现企业集团的资金增值和效益最大化。

二、信息化给企业集团资金集中管理带来的优势与风险

信息化对企业集团资金集中管理而言是一把"双刃剑"，既给企业集团资金集中管理带来了便捷，又给企业集团资金集中管理带来了一定的风险。

信息化给企业集团资金集中管理带来的优势包括以下几方面。

第一，实现了数据的集中与信息共享。在信息化环境下，信息可以全部集中于集团总部的数据库，部分共享信息通过分布式数据库技术存放于集团总部，实现集团与其成员的信息共享。

第二，规范了资金管理流程。资金管理系统的应用通过软件系统将集团资金管理的内容、流程标准化，从而进一步加强了对资金的集中管理。通过规范集团内部资金集中管理的过程，企业集团强化了资金管理制度，从而能够有效管理与控制集团资金的运转流程。

第三，实现了动态的资金监控。信息技术的应用实现了银企直联，使企业集团及其成员企业能够共享银行账户信息，为企业集团搭建起一个跨银行的资金集中监控平台，使企业能够实时监测资金的流转并掌握资金管理的主动权。集团资金管理中心在得到及时、全面、准确的资金信息后，能尽快发现成员企业在资金运用中的问题并帮助其及时解决问题，从而提升管理水平。

信息化给企业集团资金集中管理带来的风险包括以下几方面。

第一，安全风险。网络信息的开放性和技术上的可操作性，使得企业外部人员可以通过某些方法获取企业的资金流信息。如果有不法分子违规操作或者病毒侵扰造成资金流信息外泄，会破坏企业财务数据的完整性，从而影响资金集中管理的效果和质量。

第二，技术风险。企业集成信息系统通常按照标准程序设计，使得资金流控制缺乏灵活性。如果存在程序设计纰漏等问题，就会影响企业资金流信息的准确性。此外，企业信息系统的财务模块和其他模块之间的接口系统也会影响到资金流信息的完整性。

第三，人为风险。信息化环境为资金集中管理提供了一个从便捷化、模式化输入数据、分析数据到输出结果的平台。但是做出筹资、投资及资金调度的最终决策还是要靠"人"。因此，人为风险在资金集中管理中是一个值得注意的问题。如果仅仅依靠系统输出的结果进行决策会出现以下风险：筹资不当，可能使企业筹资成本过高或导致债务危机；投资失误，可能使企业资金链断裂或造成资金使用效益较低；资金调度不合理、营运不畅，可能使企业陷入财务

困境或造成资金冗余；资金管控不严，人为操纵系统可能使资金被挪用、侵占或使企业遭受欺诈。

三、企业集团资金集中管理的相关理论基础

（一）交易费用理论

所谓交易费用，指的是企业在寻找交易对象、订立合同、执行交易、洽谈交易、监督交易等方面的费用与支出，主要由搜索成本、谈判成本、签约成本与监督成本构成。

交易费用既存在于企业内部交易中，也存在于市场交易中。企业替代市场的原因就是企业内部交易形成的交易费用比市场交易形成的交易费用低。企业集团通常在内部成立专门的资金管理机构实施资金集中管理，通过将内部交易市场化，取代外部的市场和组织，从而降低交易费用，有效配置企业的资金。

（二）内部资本市场理论

企业集团的出现促进了企业内部资本市场的产生。企业集团的各单位为了完成一个项目，可以从外部资本市场，如银行、股票和债券市场，获取资金，也可以从集团内部筹措、调度资金。内部资本市场可以把多条渠道的现金流量集中起来，投向高收益的领域。同时，企业集团，尤其是跨国企业，其成员企业在不同国家、地区、行业往往面临着不同的税率、利率和相关政策，这些成员企业利用内部资本市场可以合理调节跨国别、跨地区、跨行业企业集团资金和经营收益的流转，以享受这些利率、税率和政策方面的优势。但内部资本市场在资源配置方面存在一些问题，如过度投资、风险扩散及分配不均等。总的来说，内部资本市场在监督、激励、内部竞争以及资本的低成本配置方面均优于外部资本市场。

（三）信息不对称理论

在市场经济活动中，各类人员对有关信息的了解是有差异的，掌握信息比较充分的人员往往处于比较有利的地位，而掌握信息不足的人员则处于比较不利的地位。人们通常将这种情况称为信息不对称。

信息不对称理论给企业集团的启示是，应充分认识时代的特点，高度重视信息环境对未来企业可持续发展的重大影响。企业集团只有及时掌握比较充

分的信息才能认准发展方向，加快发展速度。就目前的企业集团而言，其所有权与经营权相分离导致所有者与经营者之间的信息不对称。要消除这种信息不对称现象，使得出资者与经营者有相同的目标，就需要出资者对经营者进行监管和控制，以实现自身利益的最大化。企业集团资金集中管理恰恰是集团总部（出资者）对其成员企业（经营者）的活动过程进行监管与控制的有效方式。

（四）委托代理理论

企业所有者和经营者相统一的做法对企业经营不利，因此企业所有者应当保留剩余索取权，将经营权让渡，让经营者进行经营。

企业的所有权和经营权分离，所有者将企业委托给经营者经营，实际上使二者形成了委托代理关系。委托代理关系是指一个或多个行为主体指定、雇佣另一个或一些行为主体为其服务，同时赋予后者一定的决策权力，并依据后者提供服务的数量和质量支付相应的报酬。委托人自主编制受托人的报酬方案，并将相应的责、权、利分配给不同层面的受托人，受托人以实现委托人的利益最大化为行动目标。实际上，在这种委托代理关系中，集团总部的利益与其成员企业经营者的利益是不同的，目标也是不一致的。从理性的角度看，成员企业经营者的目标是获得最大的劳动报酬，得到更多的经营业绩激励。因此，成员企业的经营者存在道德风险和逆向选择的问题。这更凸显了集团总部对成员企业经营者加强监管的必要性。而资金集中管理能减少成员企业的利己主义行为，规范成员企业的管理，通过优化资源配置，提高资金使用效率，进而防范风险。

四、企业集团资金集中管理的模式

企业集团资金集中管理的模式主要有传统的统收统支模式、拨付备用金模式，通用的结算中心模式、内部银行模式，以及国际上应用比较广泛的财务公司模式和现金池模式。

（一）统收统支模式

统收统支模式是指企业集团的资金高度集中，所有的现金收支活动都统一于集团母公司（或总部）的财务部门，各成员企业不再单独设立账号，由集团总部统一掌控资金的使用权、决策权及融资权。

这种模式的优点是通过资金的高度集中，控制企业集团资金的流向，减少整体资金沉淀，提高资金的运作效率，使企业集团达到总体的收支平衡；缺点是影响成员企业经营的灵活性，不能调动成员企业的积极性，同时增大了集团总部的工作量和资金使用的风险，使集团经营和财务活动的效率降低。统收统支模式如图4-15所示。

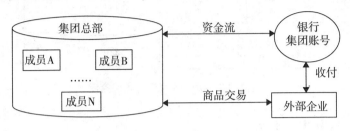

图4-15　统收统支模式示意图

（二）拨付备用金模式

拨付备用金模式是企业集团按规定统一给成员企业拨付一定数额的现金以备使用。在该模式下，集团成员企业不单独设立财务部门，由集团总部的财务部门统一管理成员企业的所有现金收入与支出，成员企业的现金收入统一上缴集团总部财务部门。在现金支出时，成员企业递交有关的财务报销凭证，由集团总部财务部门审核批准后，再拨付款项给成员企业以补足其备用金。

拨付备用金模式相比统收统支模式对资金的管理更为宽松。其优点是成员企业有一定的现金支配权，在企业集团允许的现金支出范围和规定标准之内能自行决定备用金的用途；缺点是企业集团规定标准和范围之外的现金支出必须得到集团有关领导的批准。如果备用金过少，会限制成员企业日常资金的使用；如果备用金过多，则会形成资金沉淀，无法发挥资金集中管理的优势。这一模式适用于企业集团从分散型资金管理模式向集中型管理模式的过渡阶段，能有效缓解成员企业对资金集中管理的抵触情绪。拨付备用金模式如图4-16所示。

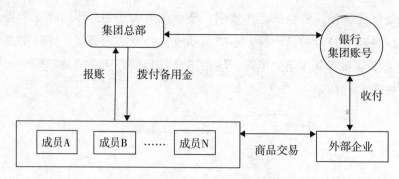

图4-16　拨付备用金模式示意图

（三）结算中心模式

结算中心模式是指结算中心设立在企业集团总部内，作为单独的资金运营机构，但不具有独立法人资格，其职责是办理集团内成员企业之间的往来结算和现金收付等业务。

在结算中心模式下，每个成员企业都有权设立财务部门，各自具备独立的资金经营权和所有权。但是，企业集团对各成员企业的资金进行统一调控、集中结算，不允许各成员企业直接对外借款，而由结算中心统一向银行办理授信额度，负责企业集团的对外借贷和还款事宜等。集团总部制定的资金集中管理制度包括资金预算制度、资金结算制度及资金集中考核办法等，由结算中心监督成员企业执行。

结算中心以集团总部的名义在银行开设账户。各成员企业通过所在地商业银行，以各自的名义开设专用付款和专用收款两个账户；成员企业和其开户的商业银行达成书面协议，规定成员企业的账户收支及资金归集统一由结算中心管理。同时，企业集团各成员企业应在结算中心开设虚拟的内部结算账户，以归集成员企业的资金，方便内部计息和内部往来业务核算。

结算中心模式的优点是可以使企业集团通过结算中心合理调节、统筹安排资金，控制企业集团的资金流向，减少企业集团的外部银行贷款，减少资金的"体外循环"以及内部资金积压，盘活沉淀资金，加快资金周转；缺点是成员企业不能灵活地筹集资金，资金集中的成本较大。结算中心模式如图4-17所示。

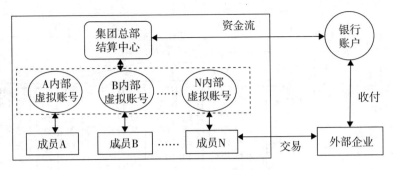

图4-17　结算中心模式示意图

（四）内部银行模式

内部银行模式是将商业银行的基本职能与管理方式融入企业集团的内部管理机制，即将模拟的银企关系引入集团内部的资金管理，将内部银行作为集团内部的资金管理机构。内部银行实际上是企业集团的结算中心、贷款中心、货币发行和监管中心，负责集团内部的日常往来结算、资金统筹等。

内部银行模式具有收支两条线的特征，各成员企业在内部银行分别开设存款账户和贷款账户，集团总部和成员企业之间的资金存贷遵循有偿占用的原则。成员企业也在内部银行开设结算账户，办理生产、经营活动的结算。内部银行应统一规定结算方式、结算制度及实施细则，使集团结算行为更加规范化，严格控制结算业务中的资金流向，合理、合法地运用企业集团的资金。同时，内部银行根据有关规定，可发行属于企业集团的货币和支票，在成员企业之间使用。此外，成员企业没有对外筹资权，由内部银行统一负责。内部银行实行的是银行化管理，通过贷款责任制的形式，加强资产风险管理。内部银行为成员企业核定资金和费用定额，结合成员企业的实际需要，向其发放贷款。成员企业能够自己设立财务部门，自主安排各项资金的用途。

内部银行模式的优点是集团总部通过集中存贷、放贷的方式控制各成员企业的资金，确保资金的"体内循环"，减少对外贷款，加强企业内部控制；充分利用企业闲置资金，通过信贷关系确保各成员企业资金使用的合理性、合法性和有效性；提高了各成员企业对资金时间价值的认识，使企业集团更加注重资金运行的效益和效率。内部银行模式的缺点是随着外部金融市场的逐渐成熟，内部银行的内部"准市场"机制与外部市场机制存在矛盾，内部银行模式的部分功能逐渐失去意义，而且内部银行设立面临法律缺位的问题。内部银行模式如图4-18所示。

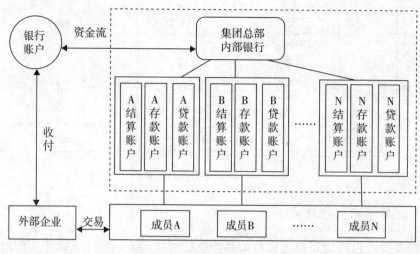

图4-18 内部银行模式示意图

（五）财务公司模式

财务公司是经营部分银行业务的非银行金融机构，其业务范围涉及抵押放款、联合贷款、抵押不动产、外汇及投资咨询等。财务公司是一个独立的法人企业，是企业集团具备一定实力后经中国人民银行批准设立的子公司。

财务公司为企业集团成员企业提供的服务有内部担保、资信调查及投资咨询等；为成员企业开辟的融资渠道主要有发行债券、发行新股、同行业拆借、有价证券交易及外汇交易等，具有融资中心的功能。财务中心可以将集团暂时闲置的资金用于集团自身发展的重大项目或投向高效的产业和行业，对成员企业和投资项目的资金使用状况进行监控，有效发挥投资中心的效能；在接受中国人民银行和中国银行业监督管理委员会（以下简称"银监会"）监管的同时，行使商业银行的部分职能。

财务公司模式的优点是可以使企业集团通过财务公司对各成员企业的资金进行专门的控制和约束，对于各成员企业的资金取得和使用，集团总部最高决策机构不再直接干预；在集团资金管理过程中，引入一种完全市场化的企业与银行关系，将资金的所有权和决策权下放给成员企业，提高了资金运转的灵活性。财务公司模式的缺点是财务公司的设立对企业集团的要求较高，且有严格的规定，根据银监会发布的《申请设立企业集团财务公司操作规程》的规定，申请设立财务公司的企业集团必须符合国家产业政策并拥有核心主业，申请前1年年末，注册资本金不低于8亿元人民币，按规定并表核算的成员单位资产总额不低于50亿元人民币，净资产率不低于30%；申请前连续2年年末，按规定并表核算的成员单位营业收入总额均不低于40亿元人民币，税前利润总额均不低于2亿元人民币。另外，财务公司作为金融机构，其企业文化受金融业的影响较大，可能与集团的企业文化有冲突之处。财务公司模式如图4-19所示。

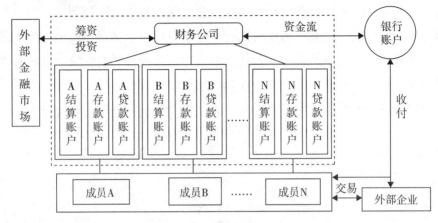

图4-19　财务公司模式示意图

（六）现金池模式

现金池模式是由跨国公司与国际银行联合开发的一种资金管理模式，用以统一调拨企业集团分布在全球范围内的资金，最大限度地降低企业集团持有的净头寸。

现金池涉及的主要业务是成员企业账户余额上划，成员企业之间委托借贷，成员企业之间透支、拨付与收款，以及成员企业向集团总部的资金上存、下借分别计息等。具体来说，现金池模式为企业集团在外部的商业银行以集团整体的名义设立集团现金池账户（主账户），各成员企业在同一家商业银行分别开设对应子账户；企业集团与银行签订协议，定时、定额将成员企业资金池子账户上的资金上划到集团现金池账户；成员企业需要资金周转时，通过委托贷款的方式获得资金，一般能以低于银行利率的贷款方式从现金池中取得贷款；成员企业的对外支付在与银行签订的付款额度内以透支形式进行，然后由集团总部与银行清算。

现金池模式的优点是能为企业集团资金管理提供有效的决策支持，有助于加强集团总部对成员企业的监控，保证集团整体资金的安全性，提升企业集团的风险管控能力，实现资金的有效配置，提高资金的使用效率。然而，现金池模式在我国起步较晚，对企业集团整体管理水平要求较高，相关理论发展和实践的运用并不成熟。现金池模式在实际运用中还需考虑以下问题。一是合作银行的选择，由于集团总部所有成员企业的账户设立在同一家外部银行，必须考虑所选银行的规模、实力和营业网点分布能否满足成员企业资金结算和调拨的需要。二是成本问题，现金池模式能降低企业集团整体的存贷利差，但会增加资金往来的手续费，企业集团要与银行进行协商，力争将费用最小化。三是法律问题，我国现行金融监管法规禁止企业之间直接进行资金借贷，因此必须注意资金集中方式的合法性。另外，受金融政策限制及国家外汇管制，开设外币现金池要经过国家外汇管理局的审批。现金池模式如图4-20所示。

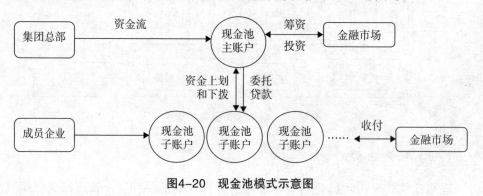

图4-20　现金池模式示意图

五、企业集团资金集中管理信息化的必要性

随着企业集团规模的不断扩大、业务领域的扩展和战略管理需求的提高，实施单一的资金管理模式已经不能满足企业集团对资金跨地域、跨国家、跨时区、跨行业的高效、动态、实时的管理需求，融合创新资金集中管理十分必要。

（一）实现资金管理和信息化的战略协同发展

资金是企业的血液，企业的平稳快速发展必须有强大的供血系统作为保障。资金管理的精细化、高效化、智能化能为企业集团发展提供完备的保障。资金管理信息化正向着专业化、跨平台、集成化方向发展。企业集团不但要选择专业的资金管理系统，提升资金管理水平，还要实现资金管理系统与其他系统的无缝衔接。

企业集团资金管理的目标不能仅限于实现对各成员企业的集中管理以提高

资金管理效率，还应该立足于集中管理，融合创新资金集中管理，以谋求整个企业集团资金管理和信息化的战略协同发展。企业集团要通过建立科学的管理模式、合理的运行机制和有效的管理体系，遵循信息化螺旋上升的规律，寻求技术协作与联盟，从而实现对资金的战略管理。

（二）实现不同资金集中管理模式的功能互补需要充分利用信息技术条件

资金集中管理的六种模式在资金所有权的分配方面各有特点，能满足不同企业集团的经营需要。不同资金集中管理模式功能的侧重点如图4-21所示。

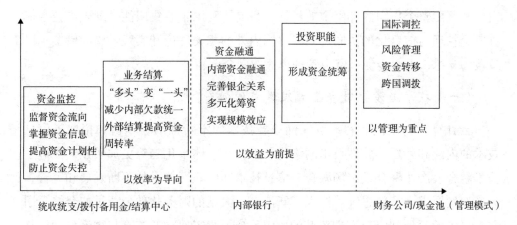

图4-21　不同资金集中管理模式功能的侧重点

因此，不同资金管理模式对于企业集团资金集中管理的侧重点并不一样，而资金管理模式的融合能有效弥补单一模式存在的不足，并能有效地规避各种模式面临的法律风险。例如，将结算中心模式和财务公司模式相结合，由于结算中心只是企业的内部管理机构，不具备对外融资、中介和投资的功能，而财务公司具有资金融通、投资等功能，能有效解决结算中心功能受限的问题。同时，结算中心受中国人民银行的监管有限，而财务公司作为金融企业，必须由中国人民银行和证监会监管其市场准入、风险、效益等。因此，结算中心能有效规避财务公司的政策制约和金融监管问题。由此，不同资金集中管理模式之间形成的功能互补、融合创新的资金集中管理模式更能满足企业集团的发展需要。

现有的资金集中管理模式在一定程度上解决了企业集团在发展过程中的某些问题，实现了财务信息共享，减少了融资约束，但是仍面临监控不力、风险控制效果不佳、资金使用效率较低等问题。因此，应该充分利用现有的信息技术条件，在已有的模式基础上构建一种优化的资金管理模式，以充分发挥资金的规模优势，降低资金成本，对资金进行实时监管，实现有效的风险控制，保证企业集团战略目标能够在成员企业中得到贯彻执行，强化企业集团对成员企业的控制力，并且充分实现企业集团对资金的集中控制。

六、融合创新资金集中管理模式的可行性

对于企业集团而言，资金集中管理是其进行资金管理的有效手段，即企业集团积极运用先进的信息技术手段，在新型网络化运行软件的支持下，实现物流、资金流、信息流的数字化、网络化、集成化和一体化管理，达到从整体上组合和调配整个集团内部资金的目标。目前，我国企业集团能借助先进技术促进资金管理与信息化的协同发展，以国内外的相关理论和实践经验为借鉴，以政策为支撑，进一步促进资金管理模式的融合创新。

（一）技术进步促进资金管理模式的创新

云计算、物联网、移动互联网等新技术的不断推出，丰富和拓展了信息技术的内涵和外延，软件技术网络化、平台化、体系化趋势更加明显，促进了技术融合、产业融合及市场融合。信息技术和互联网技术的不断发展和完善，为产业发展带来了新思维、注入了新活力。大型的财务软件公司（如金蝶、用友）提供的延伸到资金管理范畴的ERP系统，能实现财务核算与物流管理等软件的集成，并能与商业银行的网上银行无缝对接。借助信息化平台，集团总部可以获得有效的决策支持，并随时掌握和监控遍布全球的成员企业的资金运动情况。

现金池资金集中管理模式是资金管理与信息化协同发展的产物，其操作借助强大的网上银行系统及计算机网络，能实现企业集团在全球范围内的账户资金的快速、有效、统一归集。不断发展的信息技术推动了企业集团一体化发展的进程，为资金集中管理模式的融合创新提供了技术支撑。

（二）国内外的经验为资金集中管理提供了实践指导

国外的企业集团起步较早，各个企业集团由于受所在国家文化背景、社会环境等因素的影响，形成了具有自身特色的资金管理模式，这些企业集团在资金管理方面的经验为我国企业集团的资金管理实践提供了范本。例如，西门子集团公司通过信息化的资金管理系统，以财务公司为平台，利用现金池集中管

理公司的现金，实现了资金在全球范围内的合理配置；荷兰皇家壳牌集团公司采用二级集中管理模式，由总部对各个二级单位直接进行管理；爱立信和LG集团公司则采用基于网络的支付代理系统对资金进行集中管理。

近年来，我国大型企业集团的资金管理水平有了很大的提高，一批实力雄厚的大型企业集团，如中国石油化工集团有限公司、中国华电集团有限公司和国家电力投资集团有限公司运用现代计算机网络技术等实行资金集中管理。中国石油化工集团有限公司以ERP系统和四大国有银行系统为支撑，每日将各子公司在银行的收入户资金全部定向归集到北京总部，实现了资金统一化管理；中国华电集团有限公司建立了现金流量管理网络、资金管理信息系统、资金结算系统，加强了集团资金集中管理；国家电力投资集团有限公司采用信息化手段构建了集事前预算、事中控制、事后反馈于一体的资金统一管理体系，将196家成员企业（项目）纳入资金统一管理系统。国内外企业集团资金集中管理的成功经验使得优化资金集中管理模式势在必行，以提升资金集中管理水平，更为资金集中管理模式的创新提供了宝贵的实践经验。

七、信息化环境下企业集团资金集中管理模式的融合创新

融合创新的资金集中管理模式实际上是一种综合的、集成的企业集团资金管理和业务处理平台。企业集团运用新模式进行资金集中管理的路径如图4-22所示。

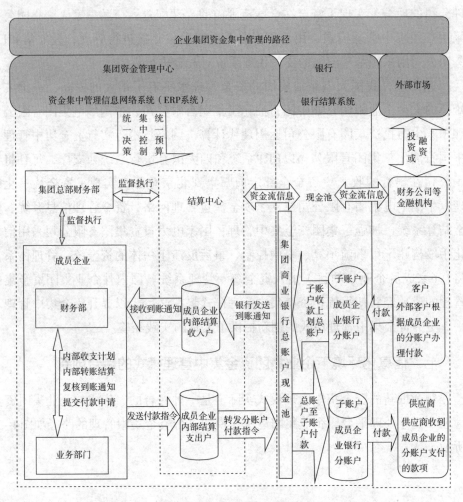

图4-22　企业集团资金集中管理的路径示意图

　　根据企业集团进行资金集中管理的路径示意图可知，集团总部能通过现金池账户的变动情况获得有效的决策支持，能借助资金管理系统等信息化平台实现实时的资金监控和有效的风险管理；成员企业执行集团总部制订的资金管理计划，通过结算中心实现资金集中管理。同时，企业集团依靠财务公司或银行等外部金融机构提供相应融资、投资等金融服务。在融合创新的资金集中管理模式下，涉及资金集中管理具体模块的设计有以下几种。

（一）决策支持

　　为使资金集中管理实现有效的决策支持，必须进行合理的组织机构设置，以形成明确的职责分工，为资金集中管理的模式优化提供有力的组织支撑。因此，笔者提出建立以资金管理中心为核心的组织体系，如图4-23所示。

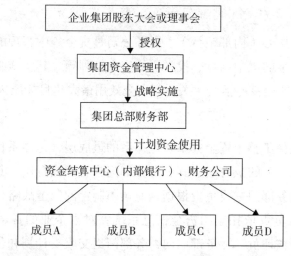

图4-23 以资金管理中心为核心的组织体系示意图

1.企业集团股东大会或理事会

企业集团股东大会或理事会是企业集团的最高管理机构，负责对企业集团的重大事项做出决策，一般由集团总部和成员企业代表共同组成。在资金集中管理体系中，企业集团股东大会或理事会作为最高领导层，不属于具体管理资金的机构，只负责资金的战略决策，授权集团资金管理中心管理资金。

2.集团资金管理中心

集团资金管理中心是资金集中管理体系的核心。资金管理中心可以下设资金结算中心、融资管理中心、投资管理中心、集团总部财务部等涉及资金战略决策的资金管理机构。因此，资金管理中心对集团资金的均衡有效流动起着至关重要的作用。集团资金管理中心在制定章程时要明确资金管理的目标和原则，制定相关的资金集中管理制度和资金管理机构管理办法，以集团的战略为依据，合理规划集团资金的筹集和分配。

3.集团总部财务部

集团总部财务部一方面接受资金管理中心的领导，另一方面监督管控成员企业的财务活动，负责对成员企业的财务机构进行监督管理，是企业集团日常资金管理的直接组织者和领导者。集团总部财务部负责企业集团资金集中管理制度和资金管理机构管理办法的具体实施以及年度、季度预算（计划）的编制、实施与监控等。

4.资金结算中心（内部银行）、财务公司

资金结算中心（内部银行）、财务公司是资金集中管理的具体操作机构，主要是实现资金的集中结算、投融资的集中管理等，其实施结果的好坏直接影响到整个体系能否良好运行，关系到资金效用最大化目标能否实现。

5.成员企业

成员企业位于整个资金集中管理体系的最底层，是体系良好运作的基础。各成员企业是业务的执行层，其中财务部门为管理执行层，其他业务部门为业务操作层。财务部门主要负责根据企业集团制定的资金战略，制订本企业的资金使用计划；负责依托集团资金信息系统，对本企业的资金运行情况进行监督、分析和考核评价。业务部门向财务部门提交收支计划和付款申请，同时辅助清收应收款项、控制各项资金占用等管理指标的落实。

通过以资金管理中心为核心的组织机构体系设置，集团理事会、集团股东大会、集团总部的资金管理中心、集团总部的财务部成为资金管理的决策支持层。集团总部的资金管理中心依靠外部银行系统和资金管理系统能实时掌握集团内的资金变动情况，并根据资金运营的实际情况和资金管理系统生成的资金分析报告等，合理调度资金，最终由集团理事会或股东大会做出融资、投资或其他战略性决策。

（二）预算管理

预算建立在资金管控平台的基础之上，是企业集团管理成员企业的工具，也是企业集团战略确定和执行的工具。预算管理过程包括预算编制、预算执行、预算反馈、预算考评四个环节，如图4-24所示。

集团资金管理中心通过编制预算和审批资金计划，可有效控制成员企业的资金占用情况，防范风险。集团资金管理中心负责下达预算编制通知、制定预算编制规则和程序、对集团预算做出控制性预测、汇总下级单位的预算数、将汇总预算数与总部预算数进行核对等；集团总部财务部门接受集团总部的预算编制任务，将预算编制任务分解到集团有关部门和成员企业，并审核其上报的预算数，通过后将预算汇总上报至资金管理中心；成员企业是预算编制的基层单位，根据上级批复的预算，组织日常生产经营活动，并向上级单位反馈预算信息。企业集团整体预算编制采用上下核对的方式，预算要通过反复的编制、修改，最后下达至各成员企业执行。同时，集团资金管理中心在对预算的执行情况进行考评后，做出预算调整，以编制切合实际的预算。

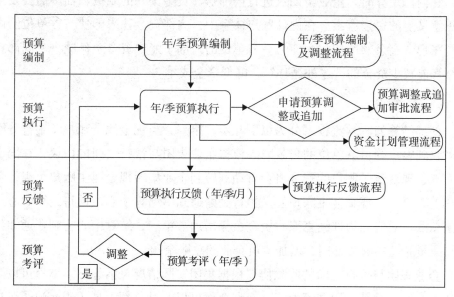

图4-24　预算管理过程示意图

（三）账户管理

企业集团应设置内外两套账户体系。内部账户设在结算中心，实现集团总部与成员企业之间、成员企业彼此之间的资金结算、调度及监控。外部账户以集团名义在外部银行开立总账户，作为现金池的主账户，而各成员企业在同一外部银行开立分账户。账户一般分币种设立，人民币账户开设一般结算账户，外币账户则为每个经常账户和资本账户开设对应的委托贷款专户，同时内部账户和外部账户应实现联动。通过银行网络系统，当现金池子账户收入款项时，资金能按时定额转入现金池总账户，并通过内部资金管理系统在该成员企业的内部账户上自动增加相应的金额；当现金池子账户需支付款项时，资金从现金池总账户下划到现金池子账户，通过内部资金管理系统在该成员企业的内部结算账户上减少相应的金额。

（四）结算管理

资金结算按结算对象的不同可分为内部封闭结算和外部结算。内部封闭结算是指企业集团通过结算中心处理成员企业之间款项相互往来的流程。外部结算是指企业集团结算中心和外部企业之间，通过第三方银行收付款项的过程。

1.内部封闭结算

在内部结算时，企业集团仅进行内部账户资金头寸的划拨，而不需要发生真正意义上的资金流出。在内部账户体系中，内部资金往来即使一方单位的内部子账户资金余额增加，而使另一方单位的内部子账户资金余额减少。内部封闭结算能减少资金的"体外循环"，降低资金成本。

2.外部结算

外部结算的收款流程可分为以下几步。第一，当现金池子账户（银行分账号）收到客户等付款单位的付款时，根据企业集团与银行之间的协议，在固定时间点，现金池子账户的资金将会自动划转到企业集团现金池主账户（银行总账户）。第二，现金池主账户发送银行到账通知给结算中心，使得结算中心与集团总账户对应的内部结算账户资金余额增加。第三，结算中心将到账通知传递给成员企业的财务部门，增加成员企业的总账余额。

企业集团与银行之间的收款协议根据集团实际情况灵活签订，结算可以采取实时结算、日结、周结等形式；上划金额可以通过总额上划（现金池子账户定时清零）或余额上划（现金池子账户保留一部分现金）两种方式实现。

外部结算的付款流程具体可分为以下几步。第一，内部成员企业的财务部门根据业务部门的内部收支计划等，通过网络向结算中心发出付款指令。第二，结算中心根据企业集团的实际经营情况或预算审批付款申请，向现金池主账户发出付款指令。第三，现金池主账户根据付款指令向提出申请的成员企业的现金池子账户划款，现金池主账户资金余额减少。第四，现金池子账户向供应商等外部收款单位付款，现金池子账户余额减少，再通过银企直连系统和资金管理系统，减少成员企业在结算中心的账户余额，从而减少成员企业的总账余额。

与此同时，为调动成员企业的积极性，应将预算之内的成员企业必需的日常零星支出定时划入成员企业的子账户，而投资性支出和筹资性支出只能由结算中心办理。

（五）票据管理

票据是在市场经济条件下经济活动运行不可或缺的工具，能发挥汇兑、结算、支付、融资等多种经济功能，促进商品流通，并保证债务的按时清偿。实施票据集中管理能拓展资金管理的范畴，完善资金收支两条线，降低资金管理风险。

在票据集中管理过程中，集团总部资金管理部门不仅要对成员企业收取的承兑汇票信息进行采集、汇总并进行资金头寸的平衡，还必须参与票据的签发、转让、贴现、抵押、托收、退票等业务的全过程，实现对成员企业票据的统一管理。企业集团要建立严格的业务申请与批复制度，成员企业在进行银行承兑汇票背书转让、抵押、贴现等业务时，必须首先向总部提出申请，在得到总部批准后才能执行，以达到企业集团集中监控的目的。

在信息化环境下，企业集团应将票据管理的全部业务流程纳入资金集中管理信息系统，将票据管理系统与其他业务系统进行有效对接和集成，完善对电子票据的管理规定，从而将票据纳入企业集团的资金池，实现票据管理与结算、核算的统一。票据信息记录在结算环节同步完成，可有效防止票据坐支，扩大资金集中管理的范围。

（六）融资管理

随着企业集团的不断壮大，其越来越意识到整体规模优势带来的低融资成本的好处，因此，融资成为资金集中的重要管控环节。在优化的资金管理模式下，企业集团的成员企业不得直接对外融资、对外贷款及提供抵押、质押、担保等，而由企业集团统一负责对外融资。在某一固定的时间，各现金池子账户的资金自动划转到现金池主账户，可得到一个资金总头寸。若总头寸为负，表明资金匮乏，资金管理中心需要制订融资计划，由财务公司或银行等金融机构代表集团在金融市场上通过融资等形式进行资金筹集。

企业集团对成员企业的内部存款和贷款均实行资金有偿占用原则，企业集团资金管理中心通过现金池统一管理企业集团的银行贷款权，成员企业需要贷款时，由现金池主账户直接通过委托贷款的方式将资金划转到成员企业的现金池子账户中，并根据资金供求和成员企业的信用等级确定内部借贷利率。现金池主账户存款的利率在中国人民银行存款利率的基础上可适当上调；而从现金池主账户贷款的利率在中国人民银行贷款利率的基础上可适当下调，对超过期限的贷款实施罚息。

（七）投资管理

资金集中管理的目的是实现资金效益的最大化，为集团的战略发展服务，因此，需要加快企业集团整体的资金周转速度，减少整体的资金沉淀，将资金优先投资于对企业集团收益回报率高的项目。可以说，进行投资集中管理势在必行。在优化的资金集中管理模式下，成员企业不具有对外投资权，未经批准不得擅自进行债券、股票等形式的投资。在某一固定的时间，各现金池子账户的资金自动划转到现金池主账户，可得到一个资金总头寸。若总头寸为正，表明资金充足，资金管理中心可以提出投资计划、决策，由财务公司或银行等金融机构代表企业集团在金融市场上进行投资和理财。

通过对企业集团投资业务进行统一核算和管理，定期编制各类投资报表，能及时分析、监控投资业务情况，有效避免成员企业盲目投资或出现投资不足的情况，提高企业集团的整体投资收益，使投资能真正满足企业集团的战略发展需求。

（八）风险管控

要充分利用信息化优势，发挥资金管理系统的功能，配合资金集中管理模式的实施，实现对集团资金风险的全程化、透视化、自动化控制，主要可从以下几方面进行资金的风险管理。

1.信用风险管理

企业集团应该引入信用评级系统，对外部，根据不同客户的信用等级情况对信用期限和金额进行规定，并调整客户授信额度；对内部，根据成员企业的发展战略和经营状况，对成员企业进行授信调查和评估，确定授信额度和内部结算利率。成员企业在提出贷款申请时，应说明还款时间及资金用途。在成员企业办理贷款时，结算中心要综合考虑成员企业的授信额度、还款期限等因素以决定是否放贷，超过授信额度的贷款申请一般不予批准，由集团的决策机构批准后方可放贷。

2.流动风险管理

在实施资金集中管理的基础上，结合投融资计划和管理策略，资金管理中心根据现金池账户及资金集中管理信息系统提供的数据支持，对企业集团的资金进行准确预估，以满足资金流动性需求，通常使用缺口分析和期限分析等方法进行风险控制和管理。

3.操作风险管理

企业集团主要应用风险管理系统对操作风险进行识别,通过系统预警功能,对不符合资金集中管理规定的行为予以警告和制止,从而确保资金集中管理过程中的规范化操作。

八、企业集团资金集中管理的信息化技术和系统

(一)计算机网络技术

计算机网络技术是计算机技术和网络通信技术的结合。计算机技术的作用是处理信息;网络通信技术的作用是把全球的计算机连接起来,构成全球信息化技术平台。

计算机网络可以分为国际互联网、企业内部网和企业外部网。国际互联网是一种公用信息的载体,通过国际互联网可以获取大量的信息资源,这有利于企业及时获取资源信息。而对地域分布广泛的企业集团成员而言,其内部各部门之间可以通过基于国际互联网建立的企业内部网共享程序和信息,实现办公自动化,简化工作程序。企业外部网是将国际互联网技术应用于组织外部的信息管理平台,是组织企业外部的供应商、合作伙伴进行信息交换的平台。通过防火墙可以将企业内部网与企业外部网隔离。

企业集团依托计算机网络技术能及时处理资金信息,实现资金信息共享。计算机网络技术是实现资金集中管理必须具备的首要技术条件。

(二)系统安全技术

网络的开放性和技术上的漏洞,使得企业集团内部或企业集团与外部单位之间传输的资金信息可能被他人获取或破坏。资金信息被泄露或遭到破坏可能会给企业集团造成不可估量的损失,因此信息化带来的安全风险和技术风险不容忽视。

为保证系统的安全性,企业集团通常采用的安全技术有以下几种:网络安全技术、筛选路由器、使用防火墙、互联网信息服务(Internet Information Services,IIS)访问安全、系统登录安全技术、证书认证中心和证书(Certification Authority,CA)、第三方认证安全套接层(Secure Socket Layer,SSL)传输加密、身份认证等。采用系统安全技术可有效防范风险,提

升资金集中管理的效果。系统安全技术是企业集团进行资金集中管理的必要技术条件。

（三）银企直连系统

为保证现金池模式的实施，企业集团必须借助强大的商业银行专业化服务，以实现资金的集中管理。银行不再是企业集团资金管理中的"配角"，而是"主角"。通过银企直连系统，向结算中心提供实时、准确的资金流信息，实现银行账户与结算中心账户的自动联动，可避免信息的重复录入，降低差错产生的概率。现金池使得企业集团与商业银行形成紧密的战略联盟关系，从而使企业集团能更好地享受银行提供的专业金融服务，如资金结算、账户报告、投融资咨询与服务，使企业集团与银行实现双赢。

银企直连系统是连接企业和银行的桥梁，是资金集中模式实施的必备条件。

（四）资金管理系统

目前，国内外不同机构提供的资金管理系统大致可以分为以下三类。

一是独立的资金管理系统。该系统能根据企业集团的需要开发，但在实际运行中与企业集团的财务管理和供应链的结合存在一定的难度，面临增值限制。

二是商业银行的IT服务系统。该系统是由商业银行为企业集团提供的建立在银企直连平台基础上的资金管理和财务公司运营的软件系统。企业集团可以选择商业信用和服务态度良好的商业银行进行合作，以实现金融增值。

三是集成ERP的资金管理系统。该系统是国内外领先的财务软件供应商，如思爱普、用友和金蝶等。其根据客户资金管理需求，将企业集团ERP延伸到资金管理领域，提供将ERP系统和企业集团财务工作进行紧密结合的集成的供应链金融服务系统。

合适的资金管理系统要满足以下条件：较强的效益性、优秀的信息集成能力、对多层面需求的满足、多种资金管理模式共存、多中心支持、完善的安全机制、灵活的审核流程、强大的账务处理能力和资金的全程闭环管理。

资金管理系统要实现"三个统一、一个集中"，即统一政策、统一模式、统一系统和资金集中。无论企业采用何种类型的资金管理系统，以信息化为平台构建的资金管理系统基本框架都大致如图4-25所示。

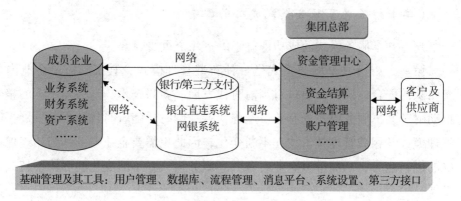

图4-25　资金管理系统基本框架示意图

第四节　财务共享下的企业管理会计信息化

一、财务共享服务模式的概念、成功的因素和特点

（一）财务共享服务模式的概念

随着经济的发展，大量企业，特别是大型企业，在发展中不断进行自我扩张，实施新型财务政策，在各地投资或设立子公司，并在新公司成立相应的财务部门，使得企业核算分散在不同地域，形成了分散型的财务管理模式。这种模式导致企业部门重叠、人员多、沟通不畅、企业成本高，财务共享服务模式应运而生。

财务共享服务中心是一个相对其他服务而言的独立机构，它能够对工作流程进行梳理，并将其统一于服务机构内部，进而实现成本结构优化、效率提高、管理完善的效果。财务共享服务依靠现代信息技术将企业各个部门大量、繁杂的数据提取出来集中在一个业务板块进行处理，从而降低企业的运营成本、提高企业的管理能力。

（二）财务共享服务模式成功的因素

财务共享服务模式的成功得益于以下几个重要因素。

第一，财务共享服务模式是一种新型管理模式，其实施需要企业内部高管团队的配合，该团队通过对当前时代发展、新兴技术、新兴知识等的整合，推动财务共享服务模式的有效实施与执行。同时，随着时代的不断发展，财务管理模式及相关管理技术均在不断变化，因此也需要企业财务部门始终保持良好的创新能力，从而推进企业财务共享服务模式在不断变化的环境下持续创新发展。

第二，财务共享服务模式的发展离不开信息系统的支持，因此在实施财务共享服务模式的过程中，拥有一套良好的信息系统，同时具备成熟的信息管理技术，是使财务共享服务模式发挥其最大价值的重要保障。

第三，财务共享服务模式是一个完整的服务模式，因此为保障其得到良好实施，必须将其与传统的财务管理模式进行分离，并将其作为一个独立的商业模式来执行，由此方能实现财务共享服务的有效运行。

（三）财务共享服务模式的特点

财务共享服务模式与传统财务管理模式相比具有以下特点。

第一，财务核算集中化。传统财务管理模式下财务人员并不集中，其理论知识与专业能力有所不同，造成工作效率不高、反应不及时，出现信息孤岛现象。在财务共享服务模式下，所有人员可以通过远程方式共同进行核算，每个财务经理按照分工进行财务管理，有具体的领域、类型和关系。通过引入统一的核算标准，规范处理流程，有利于提高工作效率。

第二，业务流程标准化。财务共享服务模式对所有的业务流程进行详细的分析，将流程划分为子流程，并采用有效的方法来控制风险，避免重复性劳动。在流程整合的过程中，企业要制定各部分的工作标准，保证在处理各种业务时具有稳定性和规范性。同时，要引入财务交流服务，加快财务管理和财务信息的规范化进程，包括财务制度规范化、会计事项规范化、会计核算校验和会计合并校验。

第三，技术手段信息化。在大范围内形成以信息化为基础的财务服务中心的共享模式，可以在财务系统、财务管理服务系统和电子资源系统的基础上，建立一个共同的操作平台，更系统地组织账务传递和管理、单据管理和会计管理等流程，从而促进企业的信息化发展。共同提供财务服务的信息化措施是促进企业快速发展的基础。不断创新、改革，优化信息化措施，推行"联合办财"，可以帮助企业集团完善经营方式，在瞬息万变的社会中为企业集团及其员工提供更有价值的服务。

二、管理会计信息化的概念和特点

（一）管理会计信息化的概念

管理会计在行业内被称作"内部报告会计"，是在外部经济环境逐渐朝市场化方向发展的背景下，为提高企业获利水平，把现代企业的日常生产经营活动以及价值实现方式作为研究对象，通过对企业的财务数据进行系统汇总、核算、报告，实现对企业日常生产经营活动的全过程进行事先规划、预算、内部控制、决策、责任考核评价等操作的企业会计的一个重要分支。

《管理会计应用指引》对管理会计信息化的定义进行了说明，指出管理会计信息化就是基于企业业务与会计数据信息，通过云计算与大数据等先进技术对所收集的数据进行组织、处理、分析、交流等一系列操作。同时，其还描述了管理会计信息化，即把会计的应用方法和业务流程与企业管理信息系统有效联系起来，实现信息共享和有效互动，以支持企业的增值活动。

（二）管理会计信息化的特点

管理会计信息化具有以下几个特点。

第一，普遍性。管理会计信息化涵盖会计的所有领域，即业务、教育、理论及管理等。管理会计信息化尽管起步比较晚，但发展极为迅速，影响较大。从会计理论方面来看，其发展存在一定不足。就目前情况而言，管理会计信息化依旧需要依赖会计理论，而传统会计理论体系尚未优化，完整的会计理论体系尚未建立，无法适应现代信息技术的发展。因此，要实现管理会计信息化目标，就必须不断扩大先进技术在各个领域的应用范围。

第二，集成性。在管理会计信息化的背景下，企业集团必须重构以往的业务流程以及财务组织，从而适应数据银行、虚拟公司等创新管理模式，而在重构业务流程的过程中必须从信息集成入手。信息集成涵盖以下几方面。一是财务信息集成，简单来说，就是企业组织内部财务相互间的信息集成，包括调整财务信息完整性与可靠性之间的差距。二是企业组织内部财务和业务活动的集成，即供应商、银行、税务、财务、审计等。三是企业组织内部财务和业务活动的集成。因为信息整合最终带来的是信息交换，一切和企业相关的信息，无论是内部的还是外部的，均能在成功输入后反复应用。这不仅能降低录入工作的难度，还能确保信息的一致性。新时代，管理会计信息化是建设会计信息系统的基本前提，不仅本身具备多元化、定制化、集成化、数字化、实时化、动态化的基本特征，而且与企业内部和外部信息系统相适应。

第三，动态性。动态又可以称为"同步"或者"实时"。从时间方面来看，管理会计信息化具有非常显著的动态性特征。一是会计信息收集具有动态性特征。无论是企业外部的数据，还是内部的数据（如入库发票、出库单据），其在出现后都将通过服务器进行存储，然后随着时间的推移传递至系统中等待处理。二是会计数据处理具有动态性特征。使用管理会计信息系统时，只需完成录入工作，后续处理都将自主进行。系统可以对录入数据进行组织、核算、更新、汇总以及分析，使这些信息可以实时反映企业的运营情况。三是会计信息在交流互动以及应用方面均具有动态特征，可以让信息使用者以此为依据迅速进行决策。

第四，渐进性。在对会计模式进行重构的过程中，先进的信息技术发挥重要作用。这种重构是逐步进行的，具体分为三个阶段。一是利用信息技术对以往的会计模式进行优化，简单来说，就是创建管理会计信息系统，执行管理会计信息化。二是促进传统会计模式和先进信息技术之间的彼此适应。随着各类先进信息技术的使用，传统会计模式发生了很大改变，尤其体现在会计方法与会计理论方面，如扩大应用技术的范围（从计算机到网络、从会计到管理），以符合管理会计信息化发展的要求。三是通过使用先进信息技术，改变传统会计模式，为建设完善的管理会计信息系统奠定基础，逐步实现管理会计信息化和管理会计辅助决策信息化。

三、管理会计信息化的理论基础

（一）组织结构扁平化理论

英国的劳动分工理论是西方企业进行组织机构变革的中心理论，西方企业在发展过程中依靠该理论逐步形成了一种全新的传统企业组织形式，即组织结构扁平化（flat structure of the organization）。这种组织形式在一定时期内占据绝对统治地位，其结构形似金字塔，能够使企业在发展过程中降低成本、提高产量，适用于市场经济发展相对比较稳定的时期。这种组织形式改变了原始层级组织结构的上层和下层之间的纵向和横向关系，也改变了组织的外部关系。

实现组织结构扁平化能够使企业在市场经济竞争中获取更大利益，使企业决策层和管理层之间的沟通更加高效、便利，同时使企业的决策得到更好的实施，取消各种冗余环节，削减企业内部多余的人员与部门，大幅减少运营成本，也使预算成本得到很好的控制。企业在实现组织结构扁平化之后，应该抓住机遇，避免不利因素，直面挑战，在日新月异的市场中占据竞争优势。

建立财务共享中心后，财务管理架构更加扁平化，使管理会计信息化传送路径减少，这样可以提高信息交流效率，使相关人员可以更加快速、及时地向管理者反映最新的经营情况，也能够进一步提升管理者的决策效率，使管理者加强对财务业务的控制，更方便地进行改革和优化，进而帮助企业实现价值提升。

（二）资源配置理论

资源配置是指在一定的区间内，将企业的不同资源用于不同的目的。资源配置的经济学研究从资源稀缺性假设出发，进行人类经济活动中稀缺资源的合理配置，最终实现帕累托最优。资源的合理配置对一个国家或地区的经济发展有着重要的影响。根据社会生产的需要，合理配置和利用资本、劳动力、信息技术等稀缺资源，能够有效实现利润最大化和实现经济的健康、持续发展。

一般来说，资源主要指人力、物力、财力。在经济快速发展的大环境下，与民众的需求相比，资源总是有限的。因此，人们必须合理配置有限的资源，通过最低的成本生产并销售最适宜的产品，以期实现经济效益最大化目标。

资源配置理论在经济生活中得到了广泛应用。财务共享中心可以重置组织结构，进行资源集中管理，同时对各项资源进行优化配置，以适应管理会计信息化的需求。通过对财务共享中心进行分析发现，非核心业务由专门的财务人员负责集中处理，其余人员则被分配到能够产生更高价值的相关业务中。这样，既有利于提高信息的处理效率，也有利于激发人员潜能，为实现经济效益最大化目标奠定基础。

四、财务共享中心的信息服务功能

财务共享模式从构建财务共享中心入手，通过该中心向各部门（分支机构）提供标准化的会计服务以获得收益，所以分支机构无须创建和财务共享中心职能类似的内部部门。财务共享管理服务旨在优化和调整各部门相互间的财务管理服务结构，从而建立财务共享管理服务平台。同时，该平台向其提供服务的公司收取服务费。这种制度避免了分公司与母公司之间财务管理的重复性，规范了各公司财务业务的管理和操作，大大降低了财务管理的成本和各公司财务业务的不一致性，提高了财务管理的效率。在财务共享中心，一般由总会计部门负责处理发票。财务共享中心信息服务功能一般涵盖基础操作性业务信息、管理控制性业务信息以及战略规划性业务信息。

（一）基础操作性业务信息

基础操作性业务信息一般涵盖往来款项信息、税务发票管理信息、账单信息、工资支付信息、固定资产信息等。其中，应付账款信息主要包括发票信息、数据及业务信息、付款信息等；应收账款信息一般涉及发票开具、合同信息管理、账单核对等；账单信息一般包含发票数据信息、账务处理信息、发票的银行支付及员工支付信息等；工资支付信息主要包括员工的薪酬计算信息及薪酬支付信息等；固定资产信息一般涵盖与固定资产有关的变更、处置、配置与清查等信息。

（二）管理控制性业务信息

管理控制性业务信息一般包含财务报告、财务会计信息、管理会计信息以及内部控制信息等方面。其中，财务报告主要包括资产负债表、利润表、现金流量表以及向管理层提交的法定报告；财务会计信息主要包括总账交易记录和登记信息、总账管理信息、合并和结算信息；管理会计信息主要包括盈利能力、成本分配、标准报表和经营预算等财务信息；内部控制信息主要包括内部控制以及流程合规性监督与执行信息。

（三）战略规划性业务信息

战略规划性业务信息一般涵盖分析和规划信息、税务筹划信息等方面。其中，分析和规划信息一般涵盖现金流规划、战略规划、成本模型分析、预算编制、集团财务规划等方面的信息；税务筹划信息涵盖季度财务报表、整体税务筹划、会计调整等有关信息。

五、企业管理决策的信息需求

在企业的经营过程中，企业管理者需要根据企业的相关信息做出决策。企业的管理决策包括战略、产品、营销、财务、人事等多方面内容，在不同的管理决策中，所需信息内容也不同。企业管理决策的信息需求可划分成两类：一是外部信息需求，二是内部信息需求。

（一）外部信息需求

1. 政治法律及社会环境信息

企业的管理决策过程要合规、合法，因此企业在管理决策过程中要分析其经营所处国家、地区的政治及法律信息，包括国家党政路线等。另外，各个国家在风俗习惯、价值理念、生活态度、生活方式、生活水平等方面均存在显著差异，因此企业在管理决策过程中还要分析这些社会环境信息。

2. 竞争对手信息

企业在经营过程中面临着竞争对手带来的竞争压力，因而企业在管理决策的过程中要洞悉对手状况，了解竞争对手的信息。此类信息主要包括竞争对手的生产情况、营销活动开展情况、战略部署情况、财务状况、技术创新发展水平、供应链情况等，能够帮助企业决策者做出更有针对性、更有竞争力的决策。

3. 合作伙伴信息

企业在经营过程中不仅要对竞争对手的情况有所了解，同时对自己的合作伙伴有所了解。此类信息主要包括合作伙伴的规模、人员数量、综合实力等基础性信息，同时包括其收付款习惯、供应商往来、经营情况、银行往来、业务范围、信用情况等信息。此类信息能够帮助企业制订更为妥善的合作计划，使企业更好地开展业务活动，同时能够让企业更为深入地掌握合作伙伴的信用及资产情况，为企业的应收账款管理提供安全保障。

4. 市场及消费信息

市场中的产品情况以及消费者对产品的需求等是企业经营管理与决策的重

要依据。市场信息主要包括市场中与本企业同类型产品的种类、价格、规格、销售渠道、宣传方式及效果等信息。消费信息主要包括企业的目标消费群体的消费结构、消费需求、消费能力、消费习惯等信息。

5.科技创新信息

科学技术是第一生产力。在管理和决策过程中，企业需要对所处国家及区域内的科技创新信息有深度了解，主要包括生产层面的新技术、新材料、新工艺流程等，以及管理层面的新方法、新模式、新体系等。此类信息能够让企业在管理和决策过程中明确自身的优势与劣势，从而做出符合企业发展方向的决策。

（二）内部信息需求

1.企业成本信息

企业成本是企业经营管理过程中的成本性支出。随着企业管理的不断深入，各类企业对企业成本管理的重视程度不断提升。企业成本信息是企业管理决策中的重要信息，直接关系到企业成本的控制情况，进而影响到企业的利润状况。企业成本信息主要包括企业主营业务成本、营业外支出、其他业务成本和期间费用等。

2.企业预算信息

企业预算是企业在预测和决策的基础上，根据企业的战略目标，对资源、收入和费用、经营成果及其在一段时间内的分配进行收集和投资的具体机制。企业预算信息一般指资本、经营与财务三个方面的预算信息。

3.绩效管理信息

绩效管理就是为实现企业战略目标，由企业内部所有人员一起参与的绩效辅导和交流、绩效执行、绩效规划、绩效考评、绩效目标改进的持续循环。企业绩效管理方案的编制需要基于企业绩效管理的信息数据，因而绩效管理信息同样是企业管理决策中的重要信息。

4.投资管理信息

通过对外投资获取收益是非投资类企业获得营业外收入的重要途径，也是投资类企业获取主营业务收入的主要方式。在针对投资进行决策时，企业管理者必须在参考往期投资规划后再决策，因而投资管理信息对企业管理决策同样十分重要。

六、财务共享与管理会计信息化的关系

（一）财务共享对管理会计信息获取的作用

1.财务共享对成本管理信息化的作用

随着社会环境的日益复杂，企业的成本核算过程也越来越复杂。财务共享中心的建设彻底改变了传统的人工核算方法，通过自动的财务分析、自动的数据获取、统一的成本核算流程以及统一的成本参数设置等操作实现成本管理的信息化，能有效解决员工工作效率较低和企业成本过高等问题。

如图4-26所示，成本信息收集、成本预测、成本核算、成本分析和成本控制是成本管理信息化的五个主要环节。财务共享中心的建设对财务数据的合理采集和合理分析均具有诸多积极影响。如果成本控制措施不理想，在成本管理信息化前提下企业可以对成本数据进行重新预测、核算和分析，由此编制科学高效的成本控制方案，提高自身获利水平。

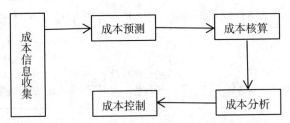

图4-26 财务共享下成本管理信息化流程

2.财务共享对预算管理信息化的作用

预算管理是一个组织日常运作中不可缺少的一部分，组织通过审查各部门的预算来补充完善整体战略规划。预算可以有效防止企业资源浪费。然而，管理效率较低、人力资源浪费、管理技术复杂是传统预算管理的三大弊端。建立财务共享中心，可以降低预算管理的复杂性。财务人员可以通过输入参数，实现预算管理和电子预算的紧密结合，从而实现电子预算自动化的目标。在财务共享模式下，预算管理信息化的主要流程如图4-27所示。

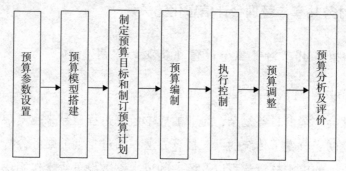

图4-27 财务共享模式下预算管理信息化流程

3.财务共享对绩效管理信息化的作用

绩效管理可以帮助企业了解战略目标的实现情况和员工的工作进度，财务共享模式的发展加强了各部门之间的沟通和联系，为数据、信息的流通创造了条件。绩效管理信息化也对激发员工积极性具有积极影响，同时信息化系统的建设也为各部门制定了具有广泛适应性的绩效评价标准，为企业完成长远战略目标奠定了基础。在财务共享模式下，绩效管理信息化的主要流程如图4-28所示。

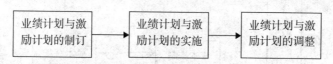

图4-28 财务共享模式下绩效管理信息化流程

4.财务共享对投资管理信息化的作用

企业财务共享中心为财务人员节省了更多精力，在企业战略制定、企业运营管理、企业决策方面发挥了很大的作用，并在客观上促进了投资管理信息化水平的提高。为了使投资计划能顺利到达各分支机构，投资管理信息化系统首先需要对控制对象、预算、任务、项目等信息进行定义，然后根据各分支机构的实际情况和特点制订详细的投资计划。

总体来看，财务共享模式可以有效提升工作效率，增强有关人员的专业能力，同时可以通过对资源进行优化配置的方式提高资源利用率，从而有效地促进管理会计信息化建设。

（二）财务共享对管理会计信息化体系建设的作用

1.推动财务工作优化分离

从职能的差异角度分析，传统财务会计的主要工作为对企业财务数据进行核算以实现对企业财务信息的整理，而管理会计则基于企业的财务情况，为企业的资金运作、发展战略制定等决策活动提供服务与依据。管理会计与财务会计之间存在较强的关联性。财务共享中心的建立能够实现企业财务工作的自动化，将传统财务会计所需进行的大量机械性、重复性的工作统一、高效完成，从而将更多财务人员的工作由财务核算转向财务预测、财务决策，将传统财务会计工作与现代财务会计及管理会计工作进行有效分离。

2.降低成本并提升效率

财务共享模式的实施能够有效减少财务数据处理与分析过程中的人力资源消耗，这不仅能够降低人力成本支出，也能大幅度提升财务数据处理及整合的效率，提高企业内部各部门数据使用的效率及便捷性，推进管理会计信息化的开展，为企业决策的实施提供条件。

3.提升信息平台完整性

财务共享平台的建立能够进一步提升企业信息平台的完整性，财务共享平台越专业，财务共享服务的实施效率就越高。企业的管理会计工作也可以依托财务共享平台，实现业务查询、财务管理、线上审批等工作的高效开展，进一步推进管理会计信息化体系的建设。

七、财务共享下企业管理会计信息化的实施对策

（一）信息数据库建设为基础

财务共享下管理会计信息化建设需要企业拥有完善的信息数据库，为企业的数据信息采集、整理、储存与调用等提供帮助，为大数据的使用创造条件。因此，在财务共享下管理会计信息化建设中，企业必须基于财务共享的基本特征，优化改善财务数据库，以真正实现信息共享，改变财务管理后台核算的模式，使其逐渐朝着前台方向发展，为企业各项决策提供依据。

（二）人才队伍培养为动力

财务共享下管理会计信息化建设会促使财务信息由纸质信息向数字化信息转移，同时信息平台与共享服务平台中的各类信息处理、分析、开发、利用等同样需要更为先进的技术支持。因此，财务共享下管理会计信息化建设需要企业建立完备的管理会计人才队伍体系，不仅需要管理会计人才拥有数据的处理、应用能力，还需要其对信息化数据具有新型理念、创新意识。这就需要企业对管理会计人才进行进一步培养，强化管理会计人才对专业知识及信息化技术的学习与应用，同时进一步加强其对财务共享下管理会计信息化的认知培养，从而为企业财务共享下管理会计信息化的实现提供途径。

（三）管理模式革新为支持

随着财务共享下企业管理会计信息化建设的开展，企业的信息化水平不断提高，企业财务管理的相关工作将朝着信息化发展。与此同时，企业的内部管理模式也将向着信息化方向发展，由原有的低水平、低效率的传统管理转向高水平、高效率的数字化管理，这便对企业的管理模式及管理理念提出了新的要求。因此，财务共享下企业管理会计信息化建设，需要企业革新管理模式及管理理念，促进自身实现创新发展。

（四）技术水平提升为推进

财务共享下管理会计信息化要求企业必须掌握先进的大数据与云计算等技术，并充分利用各项会计数据。在开展管理会计信息化建设的过程中，企业若掌握先进的信息化技术，便可以利用各类先进的数据传输、分析应用技术对企业的会计数据进行深度分析，从而掌握会计数据变化规律，为经营风险评价提供帮助，让各项经营决策有据可依。此外，新型信息技术的应用能够进一步发挥企业财务共享中心对企业管理会计信息化的支持作用，从而推进企业业务发展与财务管理的相互融合，这对企业战略管理意义重大。

（五）安全保护体系为保障

在信息化时代背景下，数据信息的安全是数据能够有效发挥价值的保障，所以对于企业来说，在财务共享下管理会计信息化建设中，建立全面的财务信息安全保护体系是基础性保障。财务共享和管理会计信息化两个平台都储存了诸多财务数据信息，唯有企业对财务数据进行良好的安全保护，财务数据才具有真实性与可靠性，才能有效发挥其价值。因此，企业需要建立全面、有效的财务信息安全保护体系，综合运用防火墙、加密技术、识别技术、追踪技术等各项安全保护技术，为财务共享中心下管理会计信息化建设提供保障。

第五章 智能时代行政事业单位财务管理及其信息化建设

第一节 行政事业单位财务管理的相关政策

一、预算绩效管理

行政事业单位预算绩效管理是指行政事业单位根据财务效能的规定，用目标管理指标和绩效指标对本单位的预算项目支出做出客观、公平、公正的评估和决定。要深入了解预算绩效管理的政策，可以从以下几点入手。首先，财政部门、部门单位以及中介机构都是预算绩效管理的主体。政府公共资金的委托人是财政部门。财政部门对政府公共资金的使用负有监督的责任，并对资金使用的效果和效率负责，是各部门单位开展预算绩效管理工作的牵头者和指导者。预算绩效管理的具体实施主体是部门单位。部门单位主要承担着组织、指导、监督本部门和所属基层单位预算绩效管理工作开展的责任。中介机构是第三方预算绩效管理主体，受财政部门的委托对部门单位进行绩效评价。其次，政府公共资金是预算绩效管理的主要对象。政府性资金基本都来自纳税人上缴的税款，"好钢要用在刀刃上"是每一个纳税人对政府公共资金使用的要求。现在的预算绩效管理针对的已不仅仅是政府公共资金，还延伸到了事业单位的事业收入开支项目。最后，预算绩效管理需要创建和完善绩效管理模式，做到具备预算编制目标、完善有效预算执行制度、认真评价预算项目、有效运用评价结果。这就要求各行政事业单位完成好本单位预算项目的绩效目标管理、绩效评价实施、绩效运行跟踪和评价结果运用等具体工作，并提高资金使用的效益和效率。

预算绩效管理工作是由绩效目标管理、绩效跟踪、绩效评价和结果运用四部分组成的。预算绩效管理的源头是绩效目标，其工作重点也是绩效目标，后续开展绩效跟踪和绩效评价的依据同样是绩效目标。绩效目标是指用客观的数据能够测算出的指标对项目进行评价，或者对单位的整体支出水平进行绩效评价。绩效目标是用数值、比例和能够量化的尺度来衡量政府公共资金的使用所获得的产出和效果。预算绩效管理目标主要由绩效标准、绩效指标以及绩效内容来表现。绩效目标、绩效评价和绩效结果监督形成了一个良性循环体系。预算绩效目标设置应尽可能细化、量化，并尽可能拥有操作性强的绩效评价指标体系。政府可用这套操作性强的指标体系对政府公共资金的使用效率以及行政事业单位执行效果等的产出和成效进行评价。

二、财政预算公开制度

预算是对单位收入和支出的预计和测算。财政预算是指政府的收入和支出规划，是政府资金分派与宏观经济调控的工具，反映了政府的政策导向和财政调控范围，可以引导国民经济的发展。预算公开是政府公开预算收入与支出计划，预算编制制度、政策等信息，保证社会大众的知情权。

预算公开是政务公开的重要组成部分。财政预算信息公开有利于保障人民群众对国家财政预算工作的知情权、参与权和监督权，有利于促进我国政府节约型财政建设，有利于促进基层政府预算管理法制化、民主化、科学化，有利于推进政府反腐倡廉建设工作。政府财政预算公开是国家民主政治的核心要素之一，也是我国建设法治社会的需要。通过政府财政预算公开，可使人民依照法律规定，通过多种途径和形式，参与管理国家事务、管理经济和文化事业及管理社会事务。公开财政预算信息、增强预算约束是各级政府部门的法定义务，是建设法治政府的必然要求。我国政府财政预算公开能够有效防治腐败，在反腐倡廉建设中发挥着重要作用。我国政府财政预算公开是公共财政的本质要求，也是反腐倡廉建设的重要组成内容。

根据《中华人民共和国政府信息公开条例》、国务院有关要求和预算管理相关规定，预算信息公开的总体原则有如下几个。①公开的主体为负责编制预算的单位或部门，州、市财政部门是本级预算汇总数公开的主体，各部门是部门预算公开的主体。②公开的时限为预算批准（批复）后20个工作日内。③公开的形式应当以政府部门门户网站公布为主。

预算公开内容由部门预算表及说明组成，我国各级政府要主动向社会公开各级人大批准的部门单位基本信息表、部门收支预算总表、公共财政支出预算总表和政府性基金收支预算表，并细化至"款"级科目。其中涉及教育、医疗卫生、社会保障和就业、农林水事务、住房保障、科学技术、文化体育与传媒、环境保护、食品药品安全和安全生产等事关民生的重点支出，要细化到"项"级科目。我国预算公开的范围是编报部门预算的部门本级及其所属行政事业单位（含参照公务员法管理的事业单位）、社会团体等，但是涉及国家安全等特殊部门除外。预算公开的口径为当年年初预算安排的财政拨款数、事业收入数等。

我国财政预算公开的工作要求是统一思想、加强组织，统筹兼顾、协同推进，强化督导、注重反馈，完善制度、形成机制。在实际工作中要充分认识做好预算信息公开工作的重要意义，把预算信息公开作为政务信息公开的重要工作，加强组织领导，制订工作方案，落实责任分工，明确工作目标，抓好工作落实，加大财政宣传力度，积极汇报工作。各地要结合本地的实际情况，以及公开工作进展，加大工作力度，相互学习借鉴好经验、好做法，采取有效措施，深入推进预算信息公开工作；要认真总结工作经验，加强制度建设，进一步建立健全预算信息披露制度，特别是做好与人民群众利益密切相关部门的预算信息公开工作，充分利用政府门户网站、政府公告、新闻媒体等途径，拓宽公开渠道。

三、政府采购制度

《中华人民共和国政府采购法》（以下简称《政府采购法》）是专门针对政府采购制定的法律。《政府采购法》旨在规范行政事业单位政府采购行为、加强政府采购资金使用效率、保护社会公共利益和国家利益、维护政府采购当事人合法权益、加快廉政建设。我国的政府采购应遵循公平竞争、公正、公开透明、诚实信用等原则，严格按照预算批复来执行。政府采购应当有利于保护环境，扶持不发达地区，促进中小企业发展，从而实现经济和社会发展的目标。

《政府采购法》规定"采购"是指以合同等方式有偿取得工程、服务和货物等的行为，包含购买、租赁、委托、雇佣等内容。《政府采购法》所称的货物，是指形态各异和种类繁多的物品，包括原材料、产品、燃料、设备等；所称的工程，是指建造工程，包括构筑物和建筑物的新建、改建、扩建、装修、拆除、修葺等工程内容；所称的服务，是指除货物和工程以外的其他政府采购对象及形式。

政府采购实行分散采购和集中采购相结合的方式。政府采购中的集中采购范围是由省级以上人民政府发布的集中采购目录确定的。在政府采购中，属于中央预算的政府采购项目，集中采购目录由国务院确定并发布；属于地方预算的政府采购项目，集中采购目录由省、自治区、直辖市人民政府或其授权机构确定并发布。实行集中采购方式的是集中采购目录中规定的政府采购项目。

政府采购的采购方式包括公开招投标、竞争性谈判、邀请招标、单一来源、询价及国务院政府采购监督管理部门认定的其他采购方式。公开招投标应作为政府采购的主要采购方式，因为这种方式最能体现政府采购的公开、公平、公正原则。公开招投标数额限制是工程类200万元以及货物和服务类100万元。达到数额限制及以上的采购项目应采取公开招投标方式进行采购，达不到公开招投标数额限制的工程、服务和货物项目，可以采取其他方式进行采购，如竞争性谈判、单一来源、询价等采购方式。

四、国库集中支付制度

国库集中支付制度是政府为了能够更好地对资金进行统一管理、监督而采取的方式，是财政部门将所有公共资金纳入国库管理体系的政策。预算单位将收入直接缴入国库或财政专户，支出时则通过国库支付中心直接划拨给商品和劳务供应者或用款单位。国库集中支付制度的推进是财政管理体制改革的重要内容和组成部分，是创建和完善以国库单一账户体系为根本，以资金缴付为国库集中收付的主要形式的政策。在国库集中收付制度中最重要的部分是国库集中支付制度，它简化了过去财政资金层层拨付的烦琐程序，以计算机网络信息化技术为手段，目的在于提高政府资金的使用效率。国库集中支付制度要求国库支付中心将国库集中支付专户开在财政部门指定的银行，在国库集中支付专户存入所有政府资金，部门单位在需要购买商品、支付工程款、支付劳务款项时向国库支付中心提交申请，待国库支付中心审批通过后，将项目资金从集中支付专户直接支付给收款人。

我国政府自从实行了国库集中支付制度以后，各级政府资金的使用效率得到了提高，政府资金的运行成本有所降低，并且改善了财政预算的执行情况，使国家部门预算的改革步伐又迈出了坚实的一步。我国国库集中支付制度能够真实、准确地反映政府资金的实际支出数，有利于财政部门对财经形势做出准确、及时的判断，有效防止了一些部门对财政资金的挤占、挪用和截留，从源头上预防和遏制了腐败行为，有效地提高了资金到位速度，还在一定程度上解决了财政资金多环节拨付、多头管理、多户头存放的问题，保证了财政资金的使用效率。

为了更好地发挥国库集中支付制度的作用，财政部、中国人民银行充分考虑了当前财政资金管理工作的现状，认真研究了未来发展的趋势，做出了科学的安排部署，决定推广支付电子化管理。支付电子化管理是需求牵引和技术推动共同作用的结果，其具体表现为以下几个方面。一是促进财政资金安全管理的现实需要。实行支付电子化，能够在业务上实现链条式管理，在技术上引入安全支撑控件，建立更科学的信任体系，从根本上实现数据的唯一性、完整性、防抵赖和防篡改。二是提高效率、厉行节约的具体实践。在保障安全的同时，支付电子化可以大幅提高工作效率和服务能力，降低行政成本，具有明显的经济效益和社会效益。三是深化国库管理制度改革的必然要求。国库集中支付制度是现代管理理念和信息化技术相融合的产物，没有先进的技术手段，国库集中支付制度的优势就无法充分发挥，改革也难以深化。支付电子化可以有效解决"集中式管理"所带来的"效率"和"区域"的限制；可以最大限度地实现从人工核对到计算机自动控制的转变；可以有效消除财政部门、中国人民银行、代理银行间信息不对称现象，加强财政财务监管。通过全面推行支付电子化，国库改革会得到进一步深化。

为了进一步加强国库集中支付制度的管理和监督作用，提高财政资金的安全性、规范性和有效性，财政部根据我国实际情况制定了《中央财政国库动态监控管理暂行办法》。本办法所描述的财政国库动态监控是指财政部门根据财政国库管理制度和相关财政财务管理规定，通过国库动态监控系统，实时监控财政资金支付清算过程，对财政活动中发现的违规问题及时进行纠正处理，以防范资金支付和使用风险、强化预算支出执行监管的管理活动。

五、财政支出绩效评价

我国财政支出绩效评价是指财政部门和预算部门（单位）根据财政支出设定的绩效目标，运用科学、合理的绩效评价指标、评价标准和评价方法，对财政支出的经济性、效率性和效益性进行客观、公正的评价。各级财政部门和各预算部门（单位）是财政支出绩效评价的主体和执行者。

我国财政支出绩效评价应当遵循以下基本原则。

（1）科学规范原则。财政支出绩效评价应当严格执行规定的程序，按照科学可行的要求，采用定量与定性分析相结合的方法。

（2）公正公开原则。财政支出绩效评价应当符合真实、客观、公正的要求，依法公开并接受监督。

（3）分级分类原则。财政支出绩效评价由各级财政部门、各预算部门根据评价对象的特点分类组织实施。

（4）绩效相关原则。财政支出绩效评价应当针对具体支出及其产出绩效进行，评价结果应当清晰反映支出和产出绩效之间的紧密对应关系。我国财政支出绩效评价的主要依据按照法律级次分为国家相关法律、法规和规章制度；按照政策前瞻性分为各级政府制定的国民经济与社会发展规划、方针政策；按照财政资金管理方式分为预算管理制度、资金及财务管理办法、财务会计资料；按照财政管理的责权分为预算部门职能职责、中长期发展规划及年度工作计划；按照政策规范分为相关行业政策、行业标准及专业技术规范；按照管理的级次分为申请预算时提出的绩效目标及其他相关材料，财政部门预算批复，财政部门和预算部门年度预算执行情况，年度决算报告，人大审查结果报告、审计报告及决定，财政监督检查报告。

第二节　行政事业单位资金管控的信息化

一、行政事业单位资金管控的相关概念

在谈及行政事业单位资金管控时，以下几个概念时常提及："收支两条

线"管理制度、部门预算制度、零余额账户、财政性资金的支付方式、政府采购制度等。下面将对这些概念进行简述。

（一）"收支两条线"管理制度

"收支两条线"管理制度是针对行政事业性收费、罚没收入等财政非税收入设立的。当有关单位发生非税收入与财政支出不相符合的情况时，就将多出的收入收归国库或者汇集到财政专户中，财政支出则需要根据各行政事业单位履行职能需求的标准来确定。其中，"收"主要是指收缴分离，对收入进行专门管理，将其收入国库或财政专户，减少预算之外资金或单位占用资金数量；"支"主要是指单位上缴的收费和罚没收入与支出处于分离状态，单位支出采用零基预算的方法，需要由财政部门根据单位的实际需求进行核定。

（二）部门预算制度

行政事业单位根据相关法律和规定，对其行使职能所需资金进行估算。基层预算单位在完成预算之后，以报告的形式将其提交给上级部门，上级部门进行汇总之后，再由财政部门进行最终审核，形成综合财政计划书，提交给立法机关。行政事业单位预算中需要包括收入和支出两部分，收入包括各种收入来源，支出包括各种支出用途。

（三）零余额账户

在获得财政部门的批准后，行政事业单位可以在商业银行申请开通零余额账户，该账户的主要功能是完成转账、提现等结算业务。行政事业单位可以通过该账户向其保留的账户进行划拨工会经费、住房公积金及提租补贴等活动。但行政事业单位的行为不得违反相关的规定，如不得向其他账户或者上下级单位转账或划拨资金。

（四）财政性资金的支付方式

财政性资金的支付方式分为三种：财政直接支付、财政授权支付和实拨资金。

财政直接支付是指财政部门通过向中国人民银行或其代理银行签发支付指令，再由银行方面根据签发的支付指令从国家单一账户中将资金直接支付给收款人或者用款单位等。

财政授权支付是指财政部门直接向行政事业单位授权，行政事业单位根据其实际需求预算自行向银行方面签发支付指令，银行依照财政部门规定的预算需求额度，根据支付指令通过国家单一账户向行政事业单位的账户汇款。

实拨资金针对的是未实行国库集中支付改革的财政资金，此类资金由政府财政部门将按照预算金额核算的资金直接汇入行政事业单位的基本存款账户或财政专户。

（五）政府采购制度

政府采购制度是指国家机关、相关部门或者部分团体组织依照规定，使用财政资金购入采购目录内或者采购限额标准以上的货物、工程和服务的行为。政府在采购时需要考虑到财政预算资金和预算外资金两方面的因素，其采购范围也必须在采购项目之中。对于一些特殊部门，如一些部门既有财政性资金也有其他资金的配套采购项目，又如一些部门有财政拨款或者财政补助收入，其在进行采购时同样要依照政府采购制度。以下简述五种采购方式。①公开招标。政府采购机构或者政府委托的代理机构向社会进行公开招标，邀请供应商进行投标。②邀请招标。政府采购机构或者政府委托的代理机构邀请三家以上的供应商进行投标。此类招标需要在特定的情形下才能进行。其采购的货物具有特殊性，只有有限的供应商能够提供货源，或者采购招标需要的费用在采购费用中占据过大的比例。③竞争性谈判。政府采购机构或者政府委托的代理机构邀请三家以上的供应商进行洽谈，采用竞争方式获得供应资格。此类招标发生的特定情形为未有足够数量的供应商进行招标、参加招标的供应商不够资格、重新招标失败、对技术的掌握不成熟或性质特殊导致采购规格和详细信息模糊、招标时间过长导致不能满足用户需求。④单一来源采购。政府采购机构无法采购符合条件的商品，只能采取从一家采购的方式。其相关的法律情形有：即使在采购后发生了不可预知的紧急情形，也禁止从其他供应商处采购，这是为了保证采购的一致性；采购预算不能满足要求时，必须从唯一的采购商处进行添购，其添购总值不得超出原始采购金额的10%。⑤询价。政府机关向三家以上的供应商进行咨询和一次性报价，从供应商货物质量、服务以及自身需求等方面考虑，最终确定供应商。此类采购方式适用于所需采购货物规格、标准一致，货源充足以及价格浮动较小的采购项目。

二、行政事业单位资金管控的特点

行政事业单位的资金管控主要是编制单位的收支预算，其没有成本核算的要求，不计算成本和盈亏，仅核算物资收发结存和费用开支的数额。

行政单位与事业单位的财政资金来源有所不同。行政单位基本依靠全额财政拨款，其中有罚款收入的部分单位需要将罚款收入全额上缴到财政专户，其采用的管理制度是收付实现制，平时所花费的资金在年终时一次性结转。事业单位根据资金来源分为全额拨款、差额拨款、自收自支三种。其中，全额拨款事业单位的管理类似于行政单位，其资金来源均是财政拨款；差额拨款事业单位的收费收入也必须全额上缴，财政部门会定期按照单位政府职能的行使情况以及社会效益的多少来确定资金的返还额度，同时会拨给其自有资金，其同样实行一年一次年终结账制；自收自支事业单位的资金来源是事业收费收入或其他收入，因此其管理制度和企业类似，现阶段正在有步骤地进行改制，向企业体制转变而逐渐脱离行政事业单位的范畴。从行政事业单位的本质特性可以看出，本书所研究的行政事业单位在资金业务上表现出耗费的特性。行政事业单位需要把单位主体营运的资金和派生的非主体性收支进行严格区分，对于主体和非主体的需要有不同的侧重，这说明我国行政事业单位的资金管理内容是单一的、可操作的。在我国，行政事业单位数量较多，人员众多，支出较大，这就意味着我国需要加强对行政事业单位资金的管控，只有有效地查漏补缺，节省财政资金，才能够为经济活动的平稳健康运行提供保障。

资金管控活动是对财政资金收入和支出的监督和管理，在我国的现行体制下，资金管控呈现出以下特点。

（1）资金管控的内容更加复杂。

（2）资金管控的方式更加多样化。

（3）对资金管控工作者的要求更高。

（4）资金管控的各个环节随着活动变化出现相应变化。

（5）行政事业单位的资金管控与企业有着显著差异。

三、行政事业单位资金管控的职能

行政事业单位资金管控的职能主要有以下几方面：贯彻执行财政系统、国有资产管理系统等与资金管理相关的规章制度；将本单位资金预算和决算编制形成文件，客观如实反映单位的各项支出，形成合理完善的制度体系，实现对资金的控制和监管，这样可以节约资金以确保单位能够正常运作；定期对单位的资金进行跟踪调查和盘点核实，确保资金不会由于人为因素流失；分析资金数据，为管理者决策提供依据。

四、行政事业单位资金管控的目标

行政事业单位对资金实行管控的主要目标有：组织财政资金供应，保证单位行使政府职能不间断；不断提高财政资金利用效率，节约社会资金；提出合理使用财政资金的建议和措施，促进财政资金管理水平的提高。

五、行政事业单位资金管控信息化的内涵

（一）行政事业单位资金管控信息化的概念

行政事业单位资金管控信息化，是指行政事业单位在熟练掌握会计电算化技术的基础上，利用现代计算机（硬件、软件）、网络以及通信等技术对单位的资金、管理数据进行处理和分析，加工整理完成后形成相应的报告文件，然后交由相关的管理者进行决策。行政事业单位资金管控信息化发挥着诸多作用，如支持信息的生成和使用活动，为资金的有效管理和科学运用提供有力保障，使得资金不再受时间、空间等因素的限制，得到合理分配和高效管理。资金管控信息化可以简化财务与业务之间的流程，充分利用财务与业务之间数据信息的互通，提高管理效率，使资金管控贯穿整个单位日常管理的每个环节，对单位各个环节进行实时监控，有效发挥财务监管机制的作用。

（二）行政事业单位资金管控信息化的条件

在整个资金运用过程中，事前、事中、事后的活动包含众多动态信息，资金管控信息化能够对此类动态信息进行监管和控制。资金管控信息化是由拥有专业计算机知识的财务人员利用计算机和相关软件对资金进行核算、管理和决策等工作。在实施资金管控信息化时，专业的财务人员，计算机软件、硬件以及内部办公网络都是必不可少的条件。此外，资金管控信息化有严格的内部控制制度，这是保障资金管控信息化正常运行的前提和基础。实现准确高效的资金管控，保证资金安全与使用效益，是进行资金管控信息化的最终目的。

六、行政事业单位资金管控的信息化系统建设

（一）行政事业单位资金管控信息化系统建设的必要性

建设服务型政府是我国政治体制改革的一项重要内容。在信息时代，电子政务作为一种先进的公共服务途径可以强有力地推进服务型政府的建设。信息技术的飞速发展也为行政事业单位实现对资金的信息化管控提供了良好的科学技术支持。各行政事业单位要更好地履行自身服务职能，造福社会，就要借力于信息技术。在资金管控中，运用现代信息技术能解决传统资金管控中所存在的管理难、易出错等问题，但也会产生一些新问题，如信息安全风险、系统管理人员道德风险等。因此，在搭建资金管控信息处理平台时，财务人员应与技术人员一起对传统资金管理与现代信息技术如何实现有效融合进行深入研究，在完成融合之后，还要及时解决系统所出现的新问题。行政事业单位应该基于传统资金控制理论，结合现代信息技术，在确保信息安全可控的前提下，立足于本单位的发展需求，适时开展资金管控模式创新，建立起符合时代要求的新型资金管控模式。

（二）行政事业单位资金管控信息化系统建设的可行性

为了更好地规范和加强行政事业单位的资金管控，在当今信息技术迅猛发展的大背景下，建设行政事业单位资金管控信息化系统成为可能，即通过建立一整套科学、合理的行政事业单位资金管控信息系统，将管控思想、管控制度、管控规范等固化为数字化的管理程序。资金信息化管控系统建设有助于行政事业单位加大资金管控力度，提高资金管控效率，巩固资金清查成果。

1.提高资金管控效率

与人工管控相比，资金管控信息化在数据处理、输入、分析和共享等方面具有天然的优势，大大减少了行政事业单位财务人员的工作量和资金数据传送失误，也便于财政、人大、监察、审计、主管单位等管理部门利用相关的查询分析决策模板，了解资金配置、使用、处置和收益情况，有效调剂闲置资金，提高资金管控效率。

2.巩固资金清查成果

近几年，我国加大了对行政事业单位专项资金、流动资金等的清查力度，不断完善行政事业单位资金清查流程。通过这种方式，相关主管部门初步摸清

了行政事业单位的资金使用情况和管控状况，为资金的动态管控打下了坚实的基础。但是，如果资金管理部门不及时分析这些基础数据，并采取针对性强的有力措施，各项资金的清查工作可能会如以前一样"先清后乱"。因此，在明确资金管控体制的基础上，我国应该尽快开发和推广资金管控信息化系统，巩固各项资金的清查成果。

（三）行政事业单位资金管控信息化系统建设的基础条件

目前，我国行政事业单位资金管控信息化系统建设的条件已基本具备。①技术条件具备。国内几家大型的软件开发公司已有良好的技术服务体系、丰富的资金项目管理经验、良好的市场信誉度和本地化的服务网络优势，还有大量的财政专业储备人才和雄厚的研究开发团队，具备资金管控信息化的实力，为开发功能强大的资金管控信息化系统提供了强有力的技术支撑。②实践基础具备。首先，各级财政部门近年来围绕财政资金改革和管理，积极推进"金财工程"建设，部门预算管理系统、基础数据管理系统、工资统发管理系统、国库执行信息系统的建设工作取得很大进展，这些都有助于资金管控信息化系统的开发和应用。其次，一些大中型城市相继开发了行政事业单位资金管控信息化系统，并初步取得了良好的试点效果。这些行政事业单位资金管控信息化试点为我国行政事业单位全面推行资金管控信息化系统积累了宝贵经验。③不少国家部门也开发或者实施了资金管控信息化系统，实现了单位资金管控与部门预算管理的有效衔接。

七、推进我国行政事业单位资金管控信息化建设应注意的问题

目前，我国行政事业单位的资金管控信息化建设虽已引起各级政府的高度重视，得到了积极的推广，但是仍处于起步阶段，有以下问题需要引起注意并及时解决。

（一）理顺管理思路，加强体制创新

经过多年的发展，我国的财政体制已日趋合理和完善。科学合理的财政体制要求在资金管控中树立起以预算管理为抓手、以资金流程控制为重点的管理思路。行政事业单位资金管控信息化需要建立在高水平的资金管控基础之上，因此必须将单位的预算管理制度建设落到实处。同会计电算化不同，资金管控信息化系统建设不是一个单纯的技术问题，而是需要在集中统一的管理制度基

础上，对单位所有的财务人员进行集中管理，利用计算机网络平台和统一的账务管理软件，最终实现单位资金管控信息化。要实现上述目标，就要打破原有的资金管控模式，对相关的机构进行重组，对信息交流机制和管理方法等进行创新。总之，其本质就是要对传统的资金管控制度进行改革创新。

（二）加强财务人员与技术人员的沟通，明确建设目标

行政事业单位的财务人员对本单位的业务构成、财务流程、资金管控流程都较清楚，对资金管控信息化系统需求的认识较清晰，然而其受专业知识的限制，往往不明白具体问题如何通过计算机软件来解决，也不了解信息化系统处理问题的方式和方法。软件公司的技术人员对本公司的专业软件功能、计算机程序等非常熟悉，但对行政事业单位的具体业务流程却不清楚。此外，相关软件的功能并不一定适合某一行政事业单位，该单位的硬件建设（计算机、网络等）也未必可以运行相关的专业软件。因此，在进行资金管控信息化系统建设时，财务人员和技术人员要加强沟通和交流，根据行政事业单位的业务特点、实际需求以及具体的资金管控需要，进行全面分析，明确系统建设目标，制订合适的系统实施方案，确保系统能够达到预期效果。在系统建设完成后，技术的发展、单位职能和会计核算方法的变化等都将会使现有系统变得不适应。因此，在初期系统建设时，软件就需要具备良好的可拓展性，以便适应上述各种变化，更好地服务于行政事业单位。

（三）循序渐进，逐步实现财务管理信息化

我国的信息化建设起步较晚，技术水平还不高。因此，行政事业单位在实施资金管控信息化系统建设时，必须做到全面统筹、循序渐进、分步实施，不可急于求成、好高骛远。在实施建设时，行政事业单位首先应该做的就是进行信息化基础设施建设，要按照先简单后复杂的原则，按照资金管控的流程分步实施；要坚持以需求为导向、立足整体的建设策略。由于各单位在资金管控流程、信息化建设水平、系统需求等方面都不同，在实施资金管控信息化系统建设时必须立足于本单位的实际，结合自身职能，综合考虑自身的系统建设需求、资金管控水平、人力资源配置等因素，全面、科学、合理地设计实施方案。各单位还要结合当前的需求和未来的发展，对系统进行统筹规划。若缺乏统筹规划，盲目上马，最终只会各自为政，建立起孤立的子系统，既不能实现资金管控信息化的目标，又造成了不必要的资源浪费。

第三节 行政事业单位国有资产监管的信息化

一、行政事业单位国有资产监管信息化的相关理论

（一）委托代理关系

1.委托代理理论

委托代理理论是制度经济学契约理论的主要内容之一，其主要研究的委托代理关系是指一个或多个行为主体根据一种明示或隐含的契约，指定、雇佣另一些行为主体为其服务，同时授予后者一定的决策权力，并根据后者提供的服务数量和质量对其支付相应的报酬。授权者就是委托人，被授权者就是代理人。委托代理理论的中心任务是研究在利益相冲突和信息不对称的环境下，委托人如何设计最优激励约束机制。此外，代理制的引入会引发一定的代理成本，为了降低代理成本，委托人就需要通过合同关系对代理人的行为进行密切监督，以此来约束代理人的那些有悖于委托人利益的活动。一般来说，合同越完整、明晰，越能约束代理人的行为，代理成本就越低，但也会带来越高的约束成本。代理成本和约束成本存在此消彼长的关系。在充分获取代理人行为信息的基础上，根据边际代理成本等于边际约束成本的原则设计最优激励约束机制，有助于降低代理成本。此外，人们还可以通过市场制度的不断健全来降低代理成本。

2.行政代理模式及效率分析

一直以来，我国行政事业单位的国有资产实行由国家所有，政府分级监管，单位占有、使用的管理体制。这是一种典型的委托代理关系，表现为所有权和控制权的分离。虽然行政事业单位国有资产名义上是国家所有，但实

际上是由各个单位行使资产的控制权，形成了"国家—财政部门（其他管理部门）—行政事业单位主管部门—国有资产具体使用部门"的多级委托代理模式，如图5-1所示。在这样的委托代理模式下，国家是最原始的委托人，是行政事业单位国有资产的所有者；具体的行政事业单位是国有资产的最终代理人；而财政部门和行政事业单位主管部门既是监管主体，也是监管客体。

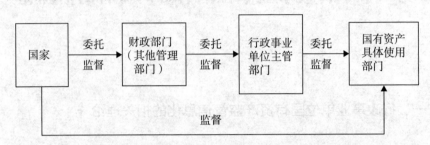

图5-1　行政事业单位国有资产的多级委托代理模式

行政事业单位国有资产的多级委托代理模式有助于国家掌握剩余索取权，避免市场交易成本，但需支付高昂的代理成本，而信息化监管则表现出更多优势。

（1）降低监管激励成本。行政事业单位国有资产具有非营利性，委托人的监督活动并不是一种纯粹的获利行为，而是一种监督费用很高的公共选择，很难设计出一个近似市场均衡标准的激励约束机制，这导致为了监督代理人的行为需支付高昂的激励成本。而通过现代发达的互联网技术对行政事业单位国有资产进行信息化垂直实时监管，可以在一定程度上减少管理层级，降低监管的激励成本。

（2）降低信息传递成本。在行政事业单位国有资产的多级委托代理中，不仅国有资产信息在传递过程中会发生累积性的信息损失，而且下级代理人可能有意封锁信息或者传递虚假的国有资产信息，以实现自身利益最大化，从而使行政事业单位国有资产管理信息传递成本上升。行政事业单位国有资产监管信息化则可以通过实时监控、多系统信息核对、信息录入的技术控制等方式，显著减少资产信息在传递过程中的损失，降低信息传递成本。

（3）提高约束效率。行政事业单位国有资产管理的委托代理合约具有长期性，这就可能产生互相包庇、互相吹捧、不愿冒险和不愿创新的倾向。以上因素都会降低委托代理的约束效率。行政事业单位国有资产监管信息化由于网络化监管的实时性以及错误性数据修改的技术可控，可以在一定程度上减少国有资产监管中互相包庇、互相吹捧等行为。

（4）提高代理效率。在国有资产委托代理过程中，不同级别的代理人为在内部资源的分配中获得较大的国有资产支配权以实现自身利益最大化，会把相当多的时间和精力放在建立人际关系网这类非生产性活动上，以期按照自己的利益需求影响上级的决策，由此付出影响力成本。施加影响力所导致的效率损失不仅表现为人力和物力的浪费，有时还会干扰委托人的决策，导致决策失误。通过国有资产监管信息化，可以实现对国有资产的精细化、科学化监管，弱化各级代理人对资产的支配权和获利权，从而在一定程度上减少影响力成本。所以，从行政事业单位国有资产委托代理成本的角度分析，行政事业单位国有资产监管信息化是降低委托代理成本、提高代理效率的有益尝试。

3.委托代理道德风险博弈

从经济学的观点来看，道德风险源于人的自利本性，其存在主要有三个原因：利益主体不一致、信息不对称与存在不确定性。博弈论是关于决策主体的对策行为相互影响时的决策选择和这种选择的均衡性问题等的理论观点与体系。其在现代经济学中的应用主要集中在合作博弈和非合作博弈两方面，二者的区别是在一个对策中，双方（或多方）达成的协议或承诺是否具有刚性的约束力并可强制执行，若可强制执行就是合作博弈，反之就是非合作博弈。当前，我国行政事业单位国有资产管理可理解为信息不对称条件下委托代理双方为追求利益最大化而非合作博弈的结果。行政事业单位国有资产委托代理道德风险博弈支付矩阵，如图5-2所示。

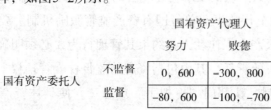

图5-2　国有资产委托代理道德风险博弈支付矩阵

在此博弈中，委托人有两种战略：监督与不监督。代理人也有两种战略：努力与败德。当委托人与代理人选择（不监督、努力）战略组合时，假定其支付（指在一个特定的战略组合下参与人得到的确定效用水平）分别为0和600单位；如果双方选择（不监督、败德）战略组合，由于代理人败德给委托人造成巨大损失，其支付为−300单位，代理人败德成功，得到的支付为800单位；如果双方选择（监督、努力）战略组合，代理人支付仍然是600单位，而委托人付出了监督成本，支付变为-80单位；在双方选择（监督、败德）战略组合时，由于败德行为被查处，代理人支付为-700单位，委托人监督到败德行为，损失比不监督时减少，支付为-100单位。显然，给定国有资产所有者采取监督的，代理人的最优战略是努力；给定国有资产代理人是努力的，国有资产所有者的最优战略是不监督。给定国有资产所有者采取不监督的，代理人的最优战略是败德；给定国有资产代理人是败德的，国有资产所有者的最优战略是监督。如此，该博弈不存在纯战略纳什均衡。根据纳什均衡的存在性定理可知，每一个有限博弈至少存在一个纳什均衡（纯战略的或混合战略的）。可见，上述非合作博弈存在纳什均衡解。此时，国有资产代理人以一定的概率选择败德时，委托人也应以一定的概率选择监督，双方达成混合战略纳什均衡。当代理人败德的概率小于某个值时，委托人的最优选择是不监督；当代理人败德的概率大于某个值时，委托人的最优选择是监督。然而，在现实的国有资产委托代理中，如果缺乏监督，代理人败德的概率往往较大，所以建立有效的监管机制成了防范行政事业单位国有资产管理委托代理中道德风险的关键。

4.行政事业单位国有资产委托代理道德风险防范

行政事业单位国有资产委托代理不同于经营性国有资产的委托代理，防范行政事业单位国有资产委托代理过程中的道德风险是一项涉及政治、经济、法律以及管理体制改革等诸多方面的系统工程，至关重要的是落实监管责任，明确授权范围，按公共财政的要求构建完善的激励与约束机制。

（1）建立健全行政事业单位国有资产监管激励机制。要激励行政事业单位国有资产代理人产生工作动力，约束其管理行为，必须明确各级行政事业单位国有资产代理人的责任，其中包括资产的监督权、管理权、使用权等，落实"一把手"负责制，让部门"一把手"负总责，使具体资产管理责任落实到人。要建立健全行政事业单位国有资产监管激励机制，将国有资产代理人的经济利益分别与国有资产盈亏水平、使用效率以及管理状况直接挂钩，并进行灵活考核，如可以通过财政预算、政府采购等制度，促使行政事业单位资产实现灵活配置。对于管理好的单位，在其购置资产时可以给予一定的权限，对个人给予一定的奖励等。一般来说，所有者的监督概率与代理人得到的额外奖励呈相反的变化趋势，这说明额外奖励越高，需要监督的概率就越小，相应代理人败德的概率也就越小。然而，在行政管理体制中，政府出于整体利益的考虑，不可能无限增加额外奖励，奖励必须在政府能够接受和国有资产代理人积极性能够得到充分调动的"双赢"范围内。同时，要不断创新激励的形式及内容，将社会声誉、职务升迁等与国有资产各级委托代理人的管理绩效联系起来，从而充分调动其积极性、主动性和创造性。

（2）完善行政事业单位国有资产监督约束机制。一方面，为了防止国有资产所有者缺位，各级政府应成立相应的行政事业单位国有资产监管机构，落实监管责任，制定行政事业单位国有资产登记制度、资产监管绩效考核制度和资产运营责任追究制度等规章制度，针对行政事业单位国有资产管理中可能存在的代理人违约行为、"不作为"行为，采取相应的惩处措施，以确保国有资产本级所有者（政府）对代理人管理行为的监督约束到位。另一方面，要加强行政事业单位国有资产信息公开。在国有资产监督约束机制中，人民监督不可缺位，而信息公开则是人民监督的基础。信息公开可以促使行政事业单位进行资产清理，使国有资产置于人民的监督之下，从而提高国有资产的使用效率，促进国有资产的合理配置。所以，应尽快制定行政事业单位国有资产信息公开制度，对除涉密单位以外的国有资产进行信息公开，只有公开才能实现公平、公正。

（3）推进行政事业单位国有资产监管模式创新。道德风险属于道德的范畴，各种有助于解决道德冲突的方法在一定程度上都有助于规避道德风险。从监管手段上分析，现代信息化的监管方式是国内外重要的成功经验。信息化监管能够促进国有资产的调剂或调配，优化国有资产的配置和分布，提高国有资产的利用率，保证国有资产的安全。因此，信息化的监管模式是行政事业单位国有资产管理模式创新的必然选择。

综上所述，我国行政事业单位国有资产规模庞大、形式多样、分布广泛，不可避免地要通过层层委托代理进行管理，伴随着这种委托代理关系而来的是委托方与代理方的信息不对称等问题。要在现有的体制下减少这种信息不对称问题，提高信息的透明度，行政事业单位国有资产信息化管理无疑是一种有效手段。行政事业单位国有资产信息化管理通过统一的技术平台，采用标准化的数据和业务操作流程，及时、全面、准确地反映行政事业单位国有资产的管理状况，控制资产的流动。这有利于实现管理层的有效监控，使国有资产的管理相对透明化，从而降低委托代理成本。同时，通过对行政事业单位国有资产管理中的委托代理关系的分析可以看出，在设计行政事业单位国有资产信息化监管机制时，也需要进行多方面考虑，降低国有资产管理中包括监督成本、激励成本、信息成本以及由资产浪费、使用效率较低引起的机会成本等在内的委托代理成本。

（二）二八定律

二八定律也叫帕累托法则，是19世纪末20世纪初意大利经济学家帕累托发现的。二八定律指的是在任何特定群体中，重要因素只占少数（约两成），不重要的因素则占多数（约八成）。

在行政事业单位国有资产信息化监管机制的设计中，人们可以根据二八定律，对最重要的20%的国有资产予以充分关注，针对该部分国有资产的特点，设计不同的监管流程，如可以运用现代信息技术对房产、汽车等原值较大或管理中存在问题较多的资产在资产信息化监管系统中单独设定更详细、更严格的监管模式。第一，在信息录入环节，根据不同类型资产的特点和使用要求，设置需要录入的信息量，在控制录入成本的基础上，使关键信息（如房产的面积、车辆的车牌号等）均能在信息系统中得到体现并有效利用。第二，在资产使用环节，可以对不同的资产设置不同的使用要求，如资产配备标准、一些大型仪器的使用规则等，一旦违规，信息系统就会及时报警，从而有效提高资产的利用率。第三，在资产处置环节，同样可以区别对待，对重要资产设置更严格的处置标准以及审批标准，在节约行政成本的同时，减少资产流失。总之，二八定律在行政事业单位国有资产信息化监管机制的设计中，在防止监管成本过高方面具有良好的应用效果。

（三）长尾理论

长尾理论是网络时代兴起的一种新理论，由美国人克里斯·安德森提出。"长尾"实际上是统计学中幂律和帕累托分布特征的一个口语化表达。

长尾理论模型如图5-3所示。过去人们只能关注重要的人或重要的事，如果用正态分布曲线来描绘这些人或事，人们只能关注曲线的主体部分，即"头部"，而将处于曲线"尾部"、需要更多精力和成本才能关注到的大多数人或事忽略。在互联网时代，随着关注的成本大幅降低，人们有可能以很低的成本关注正态分布曲线的"尾部"，而关注"尾部"产生的总体效益甚至会超过"头部"。

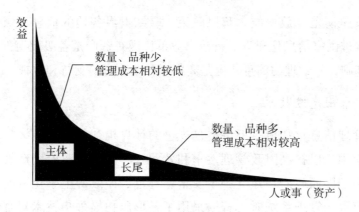

图5-3　长尾理论模型

长尾理论对行政事业单位国有资产信息化监管有重要启示。一方面，其说明了行政事业单位国有资产信息化、网络化管理是大势所趋，可以大大降低国有资产行政管理成本。通过计算机技术对数量庞大的资产数据信息进行录入、查询、删选、更新等管理，比传统的手工记录管理有更高的管理效率和更低的管理成本。另一方面，其指出了在信息化、网络化管理模式下，随着行政管理成本的降低，在关注资产数量、品种相对较少，监管成本相对较低的大额资产的同时，关注数量较多、品种繁多的小额资产即"长尾"部分，同样可以取得良好的总体效益，而且效益的可提升空间广阔。所以，通过信息化技术加强小额资产的监管就成为今后行政事业单位国有资产管理效益新的增长点。

二、国外财政管理信息化经验借鉴

行政事业单位国有资产管理包括资产配置预算、资产政府采购、资产日常管理、资产处置管理等资产管理的全过程，它作为国家财政管理的一部分，与预算、政府采购、财务管理等具有不可分割的联系。所以，借鉴国外财政管理信息化建设方面的经验，有助于推动我国行政事业单位国有资产管理的信息化。

（一）政府重视支持

一些国家的政府意识到电子政务的重要性，把发展电子政务作为施政纲领的重要内容，在组织机构和资金投入上给予保障；同时采取一系列的政策措施，如加大对全球信息基础设施的投资力度、促进全球市场的开放、放宽防火墙等安全产品的出口限制、推动全球互联网的普及教育、加强对互联网应用系统管理的安全防范、放松技术移民政策、吸纳世界各地的信息领域优秀人才等，加快推进国家信息化建设。行政事业单位国有资产是各级政府部门开展工作的物质基础，其管理的信息化更是离不开各级政府的支持和重视。

（二）采用先进技术

财政管理信息化从根本上讲就是先进的计算机、信息、网络技术在财政管理上的应用，以提高财政管理效率和效益。一些国家政府资产管理信息化程度较高，如巴西政府在建立一个安全、规范、高效的电子化政府采购系统和联邦政府资产管理系统时，普遍采用了条形码扫描采集技术对资产信息进行编码录入，取得了良好的成效；又如，加拿大推行财务信息战略（Financial Information Strategy，FIS），全面掌握政府各部门的资产管理信息和财务运行状况，这项工程的实施完成了政府网络工程，实现了政府资产管理方面的政务公开。

（三）规范和简化业务流程

财政管理信息化系统是实现财政管理的工具，必须以规范的流程为基础。一些国家财政管理信息化系统在业务处理和功能控制上并不比我国先进，但具有稳定、高效、有序的特点，这在很大程度上得益于其简化和规范的业务流程。英国的做法值得我国学习与借鉴，英国的财政管理体制正处于由基于现金的管理向基于资源的管理转变的时期，同样存在业务不明确的问题。在这种情况下，英国政府先依据法律、法规，在允许的框架内简化系统控制过程。英国政府还使转型时期的各项业务实现商定假设条件，并根据这些条件明确规定处理流程，这样不仅能避免因为某些细节而影响整个信息化进程，也能更充分地发挥信息化系统的优势和作用。因此，进一步规范和简化管理业务流程对于我国行政事业单位国有资产管理信息化建设至关重要。

（四）系统建设采用"大系统"模式

一些国家虽然已建成了较为先进的财政管理信息化系统，但在系统建设的组织、管理和规划上还存在不足，主要表现在管理机构职能单一、管理较为松散、各部门配合不够等方面。所以，这些国家未来的建设目标主要是集成与整合现有分散的系统，形成功能完善、业务统一的"大系统"。其在中央数据库设计上多采用SQL Server数据库存储所有财政数据，该数据库具有结构严谨、数据关系明晰、数据存储量大、数据周期长、权限控制严格、数据准确可信等特点。所以，行政事业单位国有资产管理信息化要在重视数据库设计的同时，重点考虑与财政其他管理系统的数据共享和管理配合，以实现"大系统"的构想。

（五）发挥市场机制作用

市场化正成为世界各国推动政府管理信息化发展的一个重要趋势。一方面，企业的加入使得财政管理信息化更具有创造力和活力；另一方面，信息化的可持续发展归根结底还是要依赖信息技术产业和相关企业的发展。目前，从世界各国的做法来看，财政管理信息化建设市场大致分为伙伴关系、外协外包、整体整合等模式，但无论采取何种模式，都是为了充分发挥市场机制的作用，与政府力量互相配合，共同建设、维护与营运好财政管理信息系统和网络系统，促进财政管理信息化的发展。

三、行政事业单位国有资产监管信息化的基础条件

行政事业单位国有资产监管信息化是我国推进电子政务建设的重要力量，是财务管理现代化发展的必然要求。信息技术在财务管理中发挥了重要作用，这为行政事业单位国有资产监管信息化建设打下了坚实的基础。从目前来看，我国行政事业单位国有资产监管信息化模式的建立与发展已具备以下几个方面的基础条件。

（一）对行政事业单位国有资产监管信息化的强烈需求

近年来，行政事业单位国有资产总量不断增加，资产种类不断增多，管理形势日趋复杂，如果依靠原来的手工操作，没有现代化的信息技术作为支撑，根本无法实现有效监管。要理顺各行政事业单位国有资产管理工作，就要建设相关国有资产管理系统，进行整体的规划与监管。

（二）计算机信息网络技术条件

随着计算机信息网络技术的迅猛发展，我国行政事业单位国有资产管理信息化应用基础已经成熟。政府网络设施建设已初具规模，可以在较大范围内建立大规模的局域网或广域网，为建立行政事业单位国有资产监管信息化系统奠定坚实的基础。

（三）信息化管理人才队伍建设

随着我国高等教育、中等教育、职业教育的蓬勃发展，财政系统人员的素质得到了很大程度的提高，受过专业教育的人员基本都具备较好的计算机操作技能。同时，各级财政部门对信息化管理人才队伍建设也非常重视，采取各种有效措施，创造有利条件，引进人才，壮大人才队伍，为信息化建设工作的顺利开展提供人才保障。

（四）行政事业单位国有资产监管信息化建设基础设施

各级财政部门多年的信息化管理投入，使自身在计算机信息网络建设、基础硬件建设、应用软件建设等方面都有了一定的积累，为深入持续进行行政事业单位国有资产监管信息化建设创造了有利条件。

（五）国有资产监管信息化市场

行政事业单位国有资产监管应用软件是国有资产监管信息化的核心和重点。经过多年的建设，目前市场上已经出现了北京用友科技有限公司、北京久其软件有限公司、杭州新中大科技股份有限公司、深圳金蝶软件公司等一批专业化的应用软件供应商。这些软件供应商都具有较雄厚的国有资产管理应用软件开发人才队伍、较丰富的软件开发经验以及良好的开发基础，这对促进行政事业单位国有资产监管信息化发展具有重要作用。

四、行政事业单位国有资产监管信息化系统总体规划

（一）行政事业单位国有资产监管信息化系统建设的指导原则

1.先进性与实用性相结合

依托互联网建成的行政事业单位国有资产监管信息化系统是全新的科学管理理念与先进的计算机网络技术的有机结合。一方面，其采用先进的技术，具有更高的劳动生产效率、更简便的管理方法、更高的资源利用率；另一方面，其以行政事业单位国有资产管理实际需求为导向，充分考虑系统操作的简便性，降低用户使用和维护的难度，同时系统功能模块的设置和数据流的安排符合业务流程、管理作业的实际需要。

2.实时性和准确性相统一

在传统的管理模式下，国有资产管理部门只能靠定期统计、上报、汇总来掌握各行政事业单位国有资产的相关信息。由于国有资产的数据信息是不断变化的，这种方式得出的数据总是滞后的，而且容易出错。实行信息化监管的优势之一就是可以实现对国有资产相关数据信息动态监管，既能避免费时费力的统计和清查工作，又能始终保持数据的实时性和准确性，从而保证整个系统的有效运行。

3.安全性和共享性相结合

安全是保证行政事业单位国有资产监管信息化系统有效运行的必要条件。系统需要提供有效的安全手段，防止系统外部成员的非法入侵以及操作人员的越权操作，在技术手段上保障国有资产信息的安全。另外，针对目前国有资产监管各业务流程之间数据共享困难、数据利用率和工作效率低以及信息孤岛等问题，行政事业单位要结合国有资产管理的实际需要，整体规划，厘清国有资产管理与其他业务环节之间的关系，实现各系统之间的数据共享。同时，一定的政务公开和资产利用效率的提高要求行政事业单位国有资产信息在政府部门内部乃至在整个社会层面实现共享。

（二）行政事业单位国有资产监管信息化系统的构成及功能

行政事业单位国有资产监管信息化系统由人、信息处理设备和运行规则三个元素组成。

人主要是指各行政事业单位国有资产管理人员，计算机不可能完全替代人的工作，使用计算机系统的原则应是计算机能做的就不需要人来做。根据财政部规定，各级财政部门是政府负责行政事业单位国有资产管理的职能部门，对行政事业单位国有资产实行综合管理；各行政事业单位对本单位占有、使用的国有资产实施具体管理。所以，在行政事业单位国有资产监管信息化系统中，行政事业单位国有资产管理人员负责整个国有资产监管信息化系统的运行、维护、监督和资产相关业务的审批，以及其他计算机系统无法完成的工作，其应具有良好的信息化资产管理能力以及计算机、网络操作能力。其他行政事业单位资产管理人员则负责具体的国有资产登记以及日常使用与管理工作，需要具备基本的计算机操作能力。

信息处理设备包括计算机硬件平台、软件平台、资产监管应用系统和数据库。

1.硬件平台

硬件平台是行政事业单位国有资产监管信息化系统开发与运行的基础，包括计算机、网络、数据输入和输出等设备按应用体系结构组成的运行支持环境。硬件平台的建设方案是决定行政事业单位国有资产监管信息化系统能否成功的关键因素之一，在很大程度上决定着系统的发展空间和生命力。硬件平台不仅应方便地支持现行的国有资产监管信息化系统的运行，而且应具有安全、可靠、易维护、易升级和保护其他系统资源等良好的性能。在国有资产监管信息化过程中，各地行政事业单位可以根据当地原有的硬件设施以及其他具体实际情况配置硬件平台。

2.软件平台

行政事业单位国有资产监管信息化系统除了需要硬件平台来支持其运行外，还需要软件平台的支持，包括系统软件、工具软件。其中，系统软件主要用于对计算机总体资源的管理，如各种操作系统。目前国有资产监管信息化中常用的操作系统有Windows XP、UNIX等。工具软件主要用于为用户提供开发资产监管应用系统的软件，如各种编译器及相应的程序设计语言和数据库管理系统（DBMS）等。

3.资产监管应用系统

行政事业单位国有资产监管信息化系统在安装了硬件和软件平台后，还需要选购或者开发符合行政事业单位国有资产监管需要的应用系统。所谓资产监管应用软件是指专门用于资产监管和决策工作的计算机应用软件，包括采用各种计算机语言编制的计算机程序、设计文档、使用说明书和数据文件等。而行政事业单位国有资产监管信息化系统的主要运行规则均在资产监管应用系统上得到体现。所以，在行政事业单位国有资产监管信息系统设计中资产监管应用系统是关键。资产监管应用系统常用的前台开发工具有Visual Basic、C++、Visual C++、Java等，常用的DBMS有Access、SQL Server、Oracele等。

4.数据库

当所有的硬件和软件平台以及资产监管应用系统安装完毕后，为了支持系统的日常运行，必须组织基础数据并将其存入计算机。同时，当系统正常运行时，会采集和产生许多新数据和信息，也需要将其组织成数据文件存入计算机。这些数据通常需要以数据库等形式来组织和管理。借鉴现有信息化经验，数据库应采用大集中方式部署在财政部门，以提高数据的兼容性、适应性以及系统的易维护性。

国有资产监管的运行规则在行政事业单位国有资产监管信息化的过程中，基本通过程序化、流程化的方式体现在国有资产监管应用系统中，所以行政事业单位国有资产监管信息化系统设计的核心是国有资产监管应用软件。

根据财政部规定和行政事业单位国有资产监管信息化的实际需要，国有资产监管应用软件应具有以下主要功能。

（1）系统基本设置管理。其包括统一用户管理、权限控制、工作流程设置、基本管理目录设置等功能。该部分功能主要由财政部门资产管理人员管理控制。

统一用户管理：为行政事业单位国有资产监管信息化系统提供网络方式的用户管理、用户单点登录、统一用户认证等基本服务，防止外部用户的非法侵入。

权限控制：为整个系统提供一个统一的权限控制机制，满足各部门不同用户对业务数据的查看、修改等复杂的权限需求，从而有效防止内部用户之间的越权操作。

工作流程设置：在行政事业单位国有资产管理中，工作流程不是一成不变的，如果将业务流程固化在系统中，就会难以适应国有资产管理改革发展的需要。工作流程设置功能应能满足不断变化的业务流程需求。

基本管理目录设置：主要是管理单位情况、人员编制情况、资产使用部门、资产类别、资产使用方向、资产处置方式等与资产管理密切相关的目录设置，以方便资产日常管理。

（2）资产配置管理。其包括对有配备标准的资产的系统控制和单位购置资产的在线报批流程管理。对有配备标准的资产，系统应能在单位递交的资产购置单中体现该资产的配备标准和资产存量情况，当资产配置超标时，系统应提供警示功能；对无配备标准的资产，在资产购置单中也应实现资产存量情况和单位人员情况的提醒，并由申请单位提供要求购置的相关材料，从而达到协助财政部门对资产购置计划进行审批决策的目的。资产购置单一经财政部门同意通过，该资产购置单中的资产即应在系统中占据单位资产配备指标。

（3）资产登记管理。行政事业单位资产不论以何种方式取得，都应及时根据财务会计制度的规定登记资产卡片。资产登记管理即实现资产电子卡片的录入功能，形成各行政事业单位国有资产信息数据库。资产登记管理的关键是要明确需登记的资产信息之间的逻辑关系，资产卡片上的信息越详尽越好。目前的计算机软硬件能满足人们对大规模数据的存储要求，针对行政事业单位国有资产种类、信息录入的人工成本以及部分信息获取的难易程度，应对国有资产进行分类并根据各地管理实际情况综合考虑资产卡片信息的设置。资产卡片基本信息应包括资产名称、原值、来源、取得日期、规格型号、存放地点、使用方向、原始凭证等。房产、车辆等资产由于价值高以及其特殊性，根据二八定律应重点管理，可以多设定一些基本信息，如房产建筑面积、出租面积、自用面积等，车辆则应增加车牌号等信息。此外，资产电子卡片不应局限于卡片初始录入的静态信息，还需记录资产在日常使用中的动态信息，如资产调拨、处置、使用情况，以及管理人员变动等信息，以实现对行政事业单位国有资产管理信息化全过程的动态监管。

（4）资产日常管理。其包括资产日常信息变动、资产维修维护登记、资产卡片拆分、资产领用、资产回收入库等。资产日常信息变动包括使用部门、使用人、存放地点变动，价值的增减以及错误信息的修改等。资产日常信息变动和维修维护登记的信息均应记录在资产电子卡片中，伴随资产全生命周期。资产卡片拆分是指对批量登记卡片的资产以及部门需要拆分管理的单件资产进行卡片调整，如计算机。通常一台计算机登记一张资产卡片，但现实情况是计算机主要分显示器和主机两部分，显示器往往比主机耐用，为了节约经费避免浪费，在处置时需要对计算机资产卡片进行拆分。资产领用和资产回收入库旨在根据零库存管理的理念，提高资产使用效率，争取做到随购随用，各地可以根据实际情况选择是否开发该功能。

（5）资产处置管理。其主要是资产处置在线审批和处置收益登记。资产处置包括报废、转让、调拨（调剂）、非正常损失、捐赠等形式，由资产使用单位在系统中根据要处置的资产，选择相应的资产卡片，逐级提出处置申请，财政部门（主管部门）在线完成资产处置审批事项。资产处置审批流程完成后系统应能自动注销相应的卡片，并记录处置信息，调拨的资产自动在调入单位生成相应的卡片，该卡片需包括该资产的一切历史信息，最后由相应的部门完成处置收益登记。其中报废后的资产应由财政部门收回集中处理，财政部门可以根据各地实际情况采取拍卖、招投标等方式回收报废资产残值，或统一委托具有资质的公司公开操作。零散的报废后资产处置，一方面处理成本高，难以形成有效的残值；另一方面会造成各行政事业单位只关注收回残值，对报废资产不及时处理，影响资产的日常管理。

（6）"非转经"管理。为了提高行政事业单位资产使用效率，部分行政事业单位国有资产需要进行经营，以增加国有资产收益。在行政事业单位国有资产信息化监管系统中"非转经"管理应包括"非转经"审批以及转回（"经转非"）审批，行政事业单位国有资产的"非转经"形式包括出租、出借、对外担保等。行政事业单位国有资产的"非转经"现象在我国非常普遍，主要是房产的出租。所以，行政事业单位国有资产信息化监管系统应提供"非转经"在线审批管理，并且国有资产转经营性资产后应尽量由市场进行运作，相关经营信息也由相应公司录入信息系统，以减少信息管理传递环节，将结果及时反馈给"非转经"单位。以房产出租为例，各单位根据实际情况提出房产出租申请，逐级审批，待财政部门审批后，统一组织或委托相应的部门或公司进行公开市场化招租操作，特殊情况进行协议招租。招租后相关租赁信息、收益信息在资产监管系统中登记，经营收益直接上缴国库，并体现在相应的资产卡片中，不需要特别保密的信息直接由系统在相应网站上公开。

（7）资产盘点管理。按相关规定，各行政事业单位应对其占有并使用的国有资产定期进行盘点，所以资产监管系统应具有盘点管理功能。资产盘点可采用条形码扫描盘点技术，该技术可以在一定程度上有效防止各行政事业单位资产盘点过程中的弄虚作假行为。条形码盘点管理分条形码打印粘贴和条形码扫描盘点两部分。其前提是打印条形码卡片，并粘贴在相应的资产上。条形码卡片包括资产的一些基本信息，可以方便资产的日常管理。通过扫描条形码，在盘点时系统会自动比对扫描信息和资产存量信息，一方面简化了资产盘点流程，降低了资产盘点的人工成本；另一方面降低了盘点过程中出错的概率，并有效防止了人为的弄虚作假行为。

（8）数据接口引擎。其包括数据的流入、流出两部分。数据的流入是指系统应能自动从业务系统中导入与资产有关的数据以及从下级财政部门资产监管系统中通过网络直接导入相应的数据，如从系统中导入固定资产账务数据并实时与系统中的固定资产数据核对，查漏补缺，保持系统中固定资产数据的准确性；从政府采购系统中导入采购资产信息，保证系统中资产的准确性；从非税收入管理系统中导入收入上缴信息，比对资产系统中的收益登记，促进国有资产收益应缴尽缴。数据的流出是指系统中的数据可以根据要求生成相关报表，通过常用的格式，提供给其他系统使用，包括对上级财政部门的数据上报。

（9）数据的拆并管理。目前我国正处于行政体制改革时期，行政事业单位的拆并以及行政事业单位内部部门的拆并现象较为普遍，所以资产监管系统也应提供相应的功能以满足实际需要。拆并过程中应注意保留资产卡片的历史数据。

（10）统计报表系统。对资产电子卡片信息库以及对资产卡片的所有操作，资产信息系统应根据各行政事业单位的需要给出相应的统计报表，并能给财政部门提供一定的决策分析支持。

（11）资产预警系统。其主要对资产管理过程中的资产异动信息（如超过标准或未按流程时间处理）进行及早发现并及时预警提示，体现动态监管，包括时间预警、流程预警、指标预警。时间预警是对各级行政事业单位资产收益（处置收益、"非转经"收益）是否及时上缴进行动态监控，各类资产收益没有按规定时间在财政部门及主管部门进行登记上缴的，系统会自动预警。流程预警是指对审批金额和审批次数进行预警处理，防止将资产购置处置、出租出借、对外投资总金额化整为零分次审批，人为规避审批监督。指标预警是对重要资产指标进行动态监控，一旦出现超标异动信息及时给予预警提示，辅助优化资产配置。

（12）信息发布交流系统。在行政事业单位国有资产日常管理中存在着各行政事业单位之间信息交流、主管部门政策规定发布等需求。为降低通信、交通等行政成本，资产监管信息系统应提供该功能。当然该功能也可以通过网站和邮箱等形式实现，成为行政事业单位国有资产信息化监管系统的一部分。

（13）监管绩效评价系统。其对行政事业单位国有资产信息化管理情况进行实时评价考核，及时发现管理中存在的问题并进行纠正，从而实现整体管理绩效的优化。

五、行政事业单位国有资产监管信息化模式的运作

行政事业单位国有资产大部分是通过财政性资金购置的。行政事业单位购置资产需要先通过预算审核资产的配置情况，所以资产的配置管理是资产监管信息化的初始环节。资产配置流程如图5-4所示。

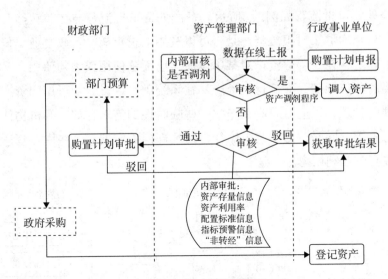

图5-4 资产配置流程

通过行政事业单位国有资产监管信息化系统，在资产初始配置阶段，资产管理部门可以实时利用系统内资产存量、配置标准、指标预警、资产利用率、"非转经"等信息对行政事业单位资产购置计划进行严格审核，坚持能调剂尽量先调剂使用，从而在源头上控制行政事业单位资产的增量，节约财政资金，提高资产利用率。

资产"非转经"审批流程如图5-5所示。通过资产"非转经"在线审批可以降低审批的时间成本、人工成本；通过市场化运作可以控制"非转经"过程中的违规违纪现象，防止国有资产流失；而"非转经"资产收益由财政部门或外部中介机构登记，并通过系统自动与非税收入管理系统等其他财政管理系统核对，可以防止"非转经"收益瞒报瞒缴。

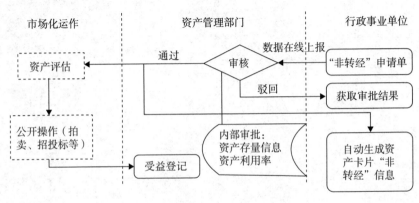

图5-5 资产"非转经"审批流程

　　资产处置审批流程如图5-6所示。资产处置审批流程与"非转经"审批流程类似，只是增加了对报废资产是否可以利用的再审核。行政事业单位国有资产管理中确实存在一部分资产对某单位而言已无法使用或无须使用，又暂时找不到需要的单位调剂。对于这类资产，在系统中可以设置"可用旧资产库"，由财政部门管理，以应对政府工作中一些临时性的需求，如临时机构使用、捐赠特定对象等。同时，为了减少库存，财政部门需定期对这些库存资产进行处理，以提高资产利用率。

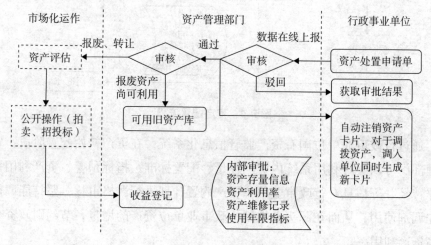

图5-6　资产处置审批流程

　　资产扫描盘点流程如图5-7所示。其采用条形码扫描技术，使用单位在资产盘点时对未扫描到的资产进行反复盘点扫描，可以有效提高盘点结果的准确性，避免资产盘点过程中主观因素的影响。

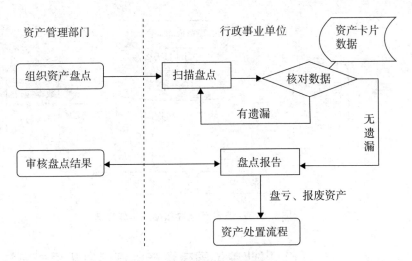

图5-7　资产扫描盘点流程

通过以上行政事业单位国有资产监管信息化流程图可以发现，实时、动态的国有资产卡片数据库在其中起着关键作用，它穿插在资产监管信息化的各个流程中，衔接并监管信息化的各个方面，贯穿国有资产从进入管理到处置完成的整个生命周期。

动态资产卡片数据库运作模式如图5-8所示。行政事业单位从各种渠道取得的资产均应登记资产卡片数据库，系统通过行政事业单位对国有资产的日常管理活动以及与其他信息化系统的自动信息交互核对保证资产卡片数据库信息的准确性、实时性。而动态的资产卡片数据库信息在保证系统内各项资产管理业务有效应用的基础上，提供多用户的信息查询分析功能，从而提高资产的使用效率。例如，一些高校实验室的仪器设备使用频率较低，就可以通过资产卡片数据库在网上公布信息，在合理范围内借给其他行政事业单位或社会个人使用，从而提高资产利用率。

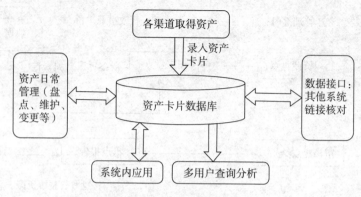

图5-8　动态资产卡片数据库运作模式

六、持续推进行政事业单位国有资产监管信息化模式良性运作的对策

（一）加强标准化建设

行政事业单位国有资产监管信息化的基本工作其实就是资产信息的获取、传输、处理、储存和控制，要顺利实现这一过程，就必须遵循一定的标准，否则将无法保证资产监管信息化系统的正常运行。信息化和标准化是紧密联系的，信息化过程中标准的制定和执行直接关系着整个信息系统的运行效率和运行成本。在行政事业单位国有资产监管信息化、标准化工作中需要重点关注以下几个问题。

第一，信息编码的标准化。信息编码的标准化指的是将信息系统中用到的一切数据实体都进行适当的分类，构建分类体系结构，然后给每个数据实体赋予唯一的代码，以便系统识别和处理。

第二，信息处理的标准化。资产信息的处理应标准化，如信息录入方式、信息存储格式及方式、信息实现格式及方式、信息交流格式及方式等均应按照一定的规范标准，从而保证资产数据管理的标准化，提高系统数据处理的效率。

第三，信息报表的标准化。资产监管信息化中涉及很多报表，必须对相应的报表进行标准化，尽量做到设计详尽、项目规范统一、适用范围广和便于计算机处理。

第四，不同部门间信息交换的标准化。标准化是一个社会工程，行政事业单位国有资产监管涉及多个部门，所以在标准制定方面应注意协调这些部门，如有相关国家标准、行业标准的，应遵循相应的标准；没有相关标准的，则应按照现有的体系进行适用性选用，并争取形成国家标准。

同时，标准化工程是一个不断延续的过程，根据行政事业单位国有资产监管信息化发展的程度和现实工作的需要，相关的标准需要不断地修订、改进。标准只有不断完善，才能成为一个能为大众所接受的标准，成为能在整个国有资产监管系统中推广并执行的标准。

（二）建立统一规范的条形码管理体系

随着行政事业单位国有资产特别是固定资产的逐年递增，传统的固定资产卡片管理方式已无法满足新形势的需要，在行政事业单位国有资产监管信息化过程中采用条形码技术进行固定资产的管理是行政事业单位国有资产管理的创新，也是大势所趋。以打印的不干胶条形码标签代替手工的固定资产卡片粘贴在相应的资产上，具有不脱离、不磨损、信息清晰等特点，便于固定资产的日常管理，同时大大降低了手工填列固定资产卡片的人工成本。条形码扫描技术在固定资产盘点中的应用，在简化资产盘点过程的同时，还能保证盘点数据的准确性，防止人工盘点过程中的弄虚作假行为。

在目前的市场经济条件下，行政事业单位的固定资产多数来源于市场上购置的社会产品，自建的只是少数，所以固定资产条形码管理过程中遇到的问题可以通过在全社会建立统一规范的条形码管理体系来解决。具体设想是，在全社会成立一个权威的条形码管理机构，建立一个面向全社会的产品（固定资产）条形码数据库，规定相应的厂商必须在产品的明显位置标识唯一的条形码，即固定资产条形码由产品厂商提供，从而形成一个全社会固定资产条形码管理体系。行政事业单位在取得固定资产时，直接通过条形码读入固定资产的基本信息，再增加自身相应的管理信息，完成行政事业单位国有资产监管信息化系统数据的录入，自建资产和厂商确实无法提供条形码的固定资产则仍由单位自行打印条形码标签，作为整个管理体系的补充。这样不但能够解决目前固定资产管理中条形码标签的相关问题，还能大大降低管理成本。

（三）推广电子签章的应用

行政事业单位国有资产监管信息化的目标之一就是实现资产管理业务的网上申报、网上审批，优化工作流程，提高工作效率，降低行政成本。但是现阶段要实现资产管理业务全过程网上办理、审批数据的全部电子化储存仍有难度，很多网络审批还停留在初级阶段；监管信息化系统许多细节设计还不够完善，数据安全问题考虑也不充分，"只有纸上的才安全放心"的传统观念仍普遍存在。这些都制约了网上审批的实现。目前，网上审批还是难以替代纸上审批。行政事业单位还需要在主管部门和财政部门之间传递一定的审批材料，领取批复文件等。由于行政事业单位国有资产监管涉及资产配置、使用和处置等，贯穿资产生命周期的全过程，日常管理业务量大，全部以纸质公文进行审批，行政成本较高，且工作效率较低。随着行政事业单位国有资产管理改革的进一步深化，缩短审批时间、降低审批成本、提高审批效率，实现资产管理全过程网上审批已成为当务之急。在行政事业单位推广应用电子签章是一项有效的措施。

电子签章是电子签名的一种表现形式，利用图像处理技术将电子签名操作转化为与纸质文件盖章操作相同的可视效果，同时利用电子签名技术保障电子信息的真实性和完整性以及签名人的不可否认性。该技术完全可以替代传统的单位公章，目前已有较成熟的应用模式。

由于资产审批业务属于财务审批范畴，不同于行政审批，行政事业单位国有资产监管信息化系统的资产监管基础数据和审批数据全部保存在财政部门的服务器上，其数据实时与预算等其他业务系统进行核对，是预算等系统信息的一个重要补充。资产监管网络审批结果通常只是作为行政事业单位财务核算的依据，人们可以在加强保障系统信息安全的前提下，在行政事业单位国有资产信息化监管系统中应用电子签章技术。资产审批需要的电子材料加盖相应单位的电子公章即认可其真实性，确实存在纸质材料的可通过扫描、拍照等方式形成电子数据，再加盖电子公章，审批批复将直接以加盖电子公章的电子数据形式存在。这样可使电子化数字材料完全代替纸质材料，实现真正的网上监管、网络办公。

全面推广电子签章的应用是一项系统工程，其不但关系到行政事业单位国有资产监管信息化，而且对电子政务乃至所有网上业务的发展都是一场革命。首先，需加强立法，从法律制度上认可电子签章的效力，消除人们在使用上的顾虑；其次，需加大宣传力度，改变人们传统的纸质文件的使用习惯，节约资源；再次，需组织成立权威性电子签章管理机构；最后，需加强电子签章技术和电子签章应用模式的研究，进一步完善现有技术。

（四）开发应用监管绩效评价信息系统

国内市场上用友、新中大等软件公司均开发了各自的资产管理软件，一些地方政府也开始了行政事业单位国有资产管理软件的应用，但是这些软件应用基本上没有相应的监管绩效评价信息系统。目前，各地行政事业单位国有资产监管绩效考核评价尚处于手工阶段，甚至部分地区尚未建立行政事业单位国有资产管理绩效考核评价制度。在行政事业单位国有资产管理考核问题上，各地较普遍的做法是将国有资产监管绩效纳入年度政府绩效考评计划，年底或者次年年初依据监管部门日常监管检查中发现的问题进行一次评价。这种一年一度的考评体系存在如下弊端：第一，平时不容易发现监管中存在的问题，年终考评时才发现；第二，平时即使发现问题，也难以得到及时解决，导致小问题拖成大问题，资产清查后，前清后乱的局面基本上都是这样造成的；第三，作为监管主体的财政部门的监管绩效难以考评。这些问题都可以通过开发应用监管绩效评价信息系统得到全部或部分解决。

开发应用监管绩效评价信息系统可以将行政事业单位国有资产监管的绩效评价工作信息化，变年度绩效考评为实时监控考评。具体做法是，先根据信息化要求对资产监管考评办法进行细化，设定详细的考核目标、细则，如资产登记的及时性、资产审批的规范性等，再采用人工智能技术进行设计，在各监管部门登录资产监管信息化系统时，对相应的管理工作情况进行实时扫描、评价，给出评分结果及扣分原因，监管部门发现的问题也在软件中进行实时记录，以便相应单位及时改正。同时，评价结果会在监管信息化系统中公开并进行排序，以促进部门间的竞争，进而将资产监管工作做得更好。在年度考核时，可以根据监管绩效评价系统的日常考评情况进行最终的考评，并将其纳入政府绩效考评计划。这样不但能增强资产监管绩效考评的客观性，还能以信息系统的实时性消除资产日常监管中的主观性，从而及时弥补资产监管中的漏洞，实现整个行政事业单位国有资产监管信息化体系的自我完善。所以，开发应用资产监管绩效评价信息系统是行政事业单位国有资产监管信息化的有益尝试。

第四节　园林单位财务管理及其信息化
——以昆明园林行政事业单位为例

一、昆明园林行政事业单位财务主体分类

昆明园林行政事业单位包含公园等预算类事业单位和苗圃、园林建筑施工单位等经营性单位，要根据不同的需要，制定不同的财务管理制度，形成一个有广度的财务管理制度体系。

昆明园林行政单位是一级预算单位，收入来源全部是财政拨款。政府职能部门的财务管理要求且严格遵守国家政策、法规以及各项制度、规定等。

昆明园林事业单位是服务于大众的单位，为大众提供休闲娱乐的场所。昆明园林事业单位不仅承担着公共服务职能，而且趋向于企业化管理，实现自我发展。昆明园林事业单位为了能在社会上立足，必须转变思路，开拓市场，提高财务管理水平。

二、昆明园林行政事业单位财务管理制度

昆明园林行政事业单位要加强财务管理制度建设，建立有效的支出约束机制。一是综合性管理制度，如加强资金管理制度、财务人员岗位职责制度建设。二是单项管理制度，如加强国有资产、差旅费、培训费等管理制度建设。三是相关性管理制度，如加强预算编报制度、政府采购制度、专款支出制度建设。这样就会在单位内建立起有效的支出约束机制，做到有章可循，并且严格按制度办事，以弥补漏洞，节约资金，最大限度地提高各项资金的使用效率。

（一）预算管理制度

为加强预算业务控制，昆明园林行政事业单位需要建立健全预算业务内部

管理制度，对预算编制、审批、执行、绩效等各个环节都做出明确规定，采取有效的控制措施，完善预算编制程序，明确审批要求。财务部门负责预算编制的组织管理，应当依据财政预算编报要求，做好预算编报制度、基础数据的准备和相关人员的培训工作，统一部署预算编报工作，规范预算编制程序，明确审批要求。其他部门应按照规定的预算编制职责、预算编制标准，以及下一年度的工作安排，提出预算建议数，准备相关申报资料、政府文件，经部门分管领导同意后提交财务部门。财务部门应对提交的预算数和资料进行初审，并汇总形成预算建议数，交财务部门负责人审核后，提交相关领导审批。相关领导审批后，将其通过财务部门向财政局报送。对单位整体预算绩效和重大预算项目应该进行预算绩效目标申报。

昆明市的预算编制时间一般为上一年的9月底下达编制通知，第二年的3月交由人大审议预算草案，编制时间较短，需要前期做好准备工作。昆明园林行政事业单位应该提早开始准备预算编制资料，做好预算编制的准备工作，根据单位实际情况，结合经济目标责任书，明确单位的任务目标。现在的预算审核比较严格，这就要求昆明园林行政事业单位做好前期准备工作，需要相关部门审批的应提前按照审批程序上报审核，并在编制预算前拿到相关部门的批复，以此作为预算编制的依据，如此才能申请到尽可能多的财政资金。

财务部门收到财政局的预算批复后，应对预算批复进行分解和细化，将预算批复发送给相关部门，并责令相关部门按照预算批复执行，对于超过预算的支出，应当报请追加预算。

（二）资金管理制度

行政单位的专项资金实行国库集中支付、专账核算、专款专用、专人管理的原则。事业单位应严格执行财务管理制度和会计核算制度，按规定设立专项资金专账和项目管理辅助账，专门核算专项资金的收支业务，加强项目成本核算和资金管理，负责审查专项资金使用的合法性、合规性、真实性；做到单独核算专项资金，并且真实、完整地反映专项资金的收支、结余情况；明确资金使用范围、标准，确保专款专用，不得挤占专项资金，更不能为了降低基本支出中的经费支出而在项目中开支与其无关的车辆运行费、差旅费、办公用品购置费等，虚增专项资金开支；规范专项资金的核算，不能将专项资金列入往来款项，而应列入拨入专款科目。

园林事业单位采用会计集中核算，也可以采取直接支付。园林事业单位可以参照财政部门制定的关于财政性资金直接支付的规定，制定相关的适应园林事业单位支付的规定。园林事业单位实行会计集中核算制度，每家基层单位都有会计专管员，总投资在15万元以上的项目都应按照要求进行政府采购，手续办完后，应提供政府采购实施情况表、发票、合同、预算批复、付款申请以及收款方的开户单位名称、开户银行、账号，由会计专管员确认符合付款要求后，提交出纳直接付款。这样做可以预防基层单位占用资金，或者在手续不齐全的情况下支付款项，有效控制资金的使用，还可以督促基层单位遵照预算批复执行。

（三）国有资产管理制度

根据《行政单位国有资产管理暂行办法》和《事业单位国有资产管理暂行办法》，行政事业单位的国有资产管理包括资产配置、资产使用、资产处置、资产评估、产权界定、产权纠纷调处、产权登记、资产清查等，其中最重要的是资产配置、资产使用、资产处置。对于行政事业单位来说，国有资产要严格按照配置标准配置，没有配置标准的，应当从实际需要出发，合理配置。园林绿化行政单位对各基层单位要求配置资产的，能够通过调剂解决的，不应再重新购买。资产使用重点在于落实使用保管责任，应当坚持谁使用、谁保管、谁负责的原则，还应当由有经验、责任心强的专职人员进行总体管理，并落实责任制，规范使用行为。由于账务管理和实务管理是分开的，应当定期清查盘点，定期对账，特别是在资产有增减变动时，应该互相核对，保证账实一致，做到家底清楚，账、卡、实相符，防止国有资产流失。资产处置应当由会计师事务所对所要报废的资产进行评估，提出评估报告，再按照审批程序上报。在审批批复前，不得私自处理。资产报废后，应做到账、实同时减少。

三、昆明园林行政事业单位财务管理信息化建设

在信息化社会，一些业务已经实现了信息化管理，不仅提高了工作效率，还规范了工作流程。在昆明园林行政事业单位内部也应该实行财务管理信息化，不仅要实现会计电算化，还要对其他财务管理制度采用信息化管理。这里就以政府采购管理模块和国有资产管理模块为例进行说明。在政府采购管理模块中，要填写政府采购的详细信息，包括采购方式、金额等，上传政府采购的相关资料，上报会计专管员，由会计专管员进行审核后报财务负责人审批，审核通过后下达金额，经办人再填写对方收款人的单位名称、账号、开户银行、

金额等，填写无误后上报，会计专管员审核后报出纳，出纳直接拨款给收款人。国有资产管理模块中包含新增固定资产、减少固定资产等。先在系统中录入单位固定资产，新增固定资产时就在新增固定资产模块录入该资产的详细信息，如固定资产的名称、类别、金额、购买时间、入账时间、凭证号、使用部门等；减少固定资产时在模块中先填写报废申请，上传相关详细资料，报会计专管员审核，会计专管员核实信息并审核通过后报财务负责人审批，审批通过后，由负责国有资产报废的工作人员根据财政审批程序进行上报，当其批复准予减少固定资产时，单位才能在减少固定资产模块填写相关信息。通过这个系统，能够明确资产管理责任人，规范单位的资产管理。

园林行政事业单位信息化建设目前还处在摸索阶段，还需要在信息化的过程中积累经验，不断完善财务管理信息化建设。这样可以减少人为因素的干扰，更好地实施园林行政事业单位财务管理。

第六章 智能时代医院财务管理及其信息化建设

第一节 医院财务管理概述

一、医院财务管理的理念

医院财务管理要树立服务优质高效、医疗成本低廉、价格合理、收益最大化的理念；以资本为纽带，建立产权制度清晰、法人治理结构完整的现代化管理体系；运用现代计算机网络技术，建立健全现代医院财务运行模式；严格遵守医院会计制度和医院财务制度，规范医院的财务行为，确保医院经济活动的正常、有序运行。

二、医院财务管理的原则

医院财务管理原则是医院组织财务活动、处理财务关系的准则，是体现理财活动规律性的行为规范，是对财务管理提出的基本要求。医院在财务管理实践中，应遵循以下基本原则。

（一）资金合理配置原则

医院财务管理主要是对医院资金循环和运用的管理。所谓合理配置，就是要通过对资金的合理运用，调拨和组织各类资产，以达到最优化的结构比例关系。

（二）收支平衡原则

在医院财务管理活动中，要使医疗服务正常有序开展，就要根据医院现有财力来安排各项开支，做到以收定支，收支平衡，略有结余，防止出现经费赤字。

（三）成本效益原则

医院医疗服务要重视经济效益，否则就会影响医院的正常发展。在市场经济条件下，医院对其医疗成本、费用开支要进行合理的收集和配比以及认真的分析和比较，对医疗服务项目进行合理定价。

（四）收益与风险均衡原则

医院在经营管理过程中，不可避免地会遇到风险。财务活动中的风险是指获得预期财务成果的不确定性。低风险只能得到低收益，高风险往往能得到较高收益，不同的管理者对风险的看法也有所不同。因此，在经济决策中，医院管理者必须理智、全面地分析和权衡，尽可能规避风险，提高决策的科学性。

三、医院财务管理的基本环节

医院财务管理的基本环节是指医院财务管理的工作步骤和一般程序，通常包括财务预测、财务决策、财务预算、财务控制、财务分析五个基本环节。这些环节相互配合，紧密联系，形成周而复始的财务管理循环过程，构成完整的财务管理工作体系。

（一）财务预测

财务预测是医院根据财务活动的历史资料，结合现实的要求和条件，对医院未来的财务活动和财务成果做出相应的预计和测算。其作用在于通过测算各种医疗服务的效益，为决策提供可靠依据；通过预计财务收支的发展变化情况，确定经营重点；通过测定各项定额和标准，为编制预算提供支持。其工作内容主要包括明确预测对象和目的、收集和整理资料、确定预测方法、利用预测模型进行预测。

（二）财务决策

财务决策是指财务人员（或管理人员）在总体财务目标的要求下，运用专业的方法从各种备选方案中选出最佳方案。财务决策的正确与否关系到医院的兴衰。医院财务决策工作主要包括确定决策目标、提出备选方案、选择最优方案。

（三）财务预算

财务预算是运用科学的技术手段和方法，对目标进行综合平衡，确定主要的计划指标，拟定各项节约措施，协调各项计划指标。财务预算是以财务决策确定的方案和财务预测提供的信息为基础编制的，是财务预测和财务决策所确定的经营目标的系统化、具体化，是控制财务收支活动、分析医疗活动成果的依据，是实现医院奋斗目标的必要环节。医院财务预算工作主要包括分析财务环境、确定预算指标、协调财务能力、选择预算方法、编制财务预算。

（四）财务控制

财务控制是医院在医疗服务过程中，以预算任务及各项定额为依据，对各项财务收支进行计算、审核，将财务收支控制在制度和预算规定的范围内，如果发现偏差，应及时纠正，以保证实现或超额完成预定的财务目标。实行财务控制是贯彻财务制度、实现财务预算的关键环节。医院财务控制工作主要包括制定控制标准、分解落实责任、实施追踪控制、及时调整误差、分析执行差异、进行考核奖惩。

（五）财务分析

财务分析是医院以核算资料为依据，对其财务活动的过程和结果进行调查研究，评价预算完成情况，分析影响预算执行的因素，挖掘发展潜力，提出改进措施。通过财务分析，医院可以掌握各项财务预算和财务指标的完成情况，不断改善财务预测和财务预算工作，提高财务管理水平。医院进行财务分析的一般程序是收集资料、掌握信息、进行对比、做出评价、分析原因并明确责任、提出改进措施。

四、医院财务管理的特点

医院管理是全面系统的管理，医院进行医疗服务活动涉及医疗管理、人事管理、财务管理、护理管理等多方面的管理，这些工作是相互联系、互相支持的，又都有各自的特点。其中，医院的财务管理是进行关于资金的财务活动和处理由资金引起的财务关系的管理活动，其主要特点可以归纳为以下几个方面。

（一）综合性强

医院的管理工作是有分工的专业管理。例如，医疗管理是侧重于对医疗服务的质量和安全的管理，人事管理是侧重于对医院的人力资源进行开发、利用的管理，护理管理是侧重于对护理培训、护理职能的管理，财务管理则主要利用资金、成本、收入和利润等价值指标对医院的资金运动进行管理。由此可见，除财务管理以外的其他管理是在其本身的职责范围内进行的，虽然管理工作的内容各不相同，但是都需要资金的支持，这就需要财务部门对医院的物资管理、医疗活动过程加以规划和控制。因此，财务管理工作是一项综合性很强的管理工作。

（二）涉及面广

医院中涉及资金收支的经营活动都与财务管理有关。医院各部门使用的资金由财务部门供应。此外，各部门在如何合理使用资金、节约资金支出等方面接受财务部门的指导，并且在整个资金使用过程中必须自觉遵守财务制度，受财务部门的约束和监督。因此，财务管理工作与医院各方面的工作都有广泛的联系，有利于提高医院的经济效益。

（三）灵敏度高

财务管理能够迅速直接地反映医院的医疗活动情况，因为在医院中涉及资金收支的业务活动都与财务管理有关，所以医院在医疗活动过程中出现的各种问题都可以通过不同的财务指标反映出来，如医疗设备的日常使用和维护是否合理、投资决策是否正确等问题。因此，医院财务部门必须通过对财务指标的分析、比较，及时掌握医院的经营状况，从而及时向医院领导汇报医院的运转情况，使医院领导统筹全局改进管理工作。这也说明医院财务管理工作是与其他管理工作息息相关的，各项工作只有相互配合才能更好地完成医院的发展目标。

综上所述，财务管理工作是医院的一项重要的综合性管理工作，它与医院内、外各方面都有着广泛联系，能及时反映医院的医疗活动状况，并在组织、规划和控制医院资金运动的过程中协调其他管理工作，将各部门的工作纳入提高经济效益的轨道，共同努力实现医院的经济目标。

五、医院财务管理的对象

医院财务管理主要是对资金的运用和与之相关的各类资产的价值管理。医院财务管理从起点到终点都是资金，其他资产都是资金在流转中的转换形式。因此，医院财务管理的对象就是资金的循环和流转。

收入和结余是资金的来源，支出和费用是资金的耗费。在医疗服务过程中，货币资产转化为非货币资产，非货币资产转变为货币资产，这种周而复始的流转过程被称为资金周转。一般情况下，1年以内的资金周转被称为短期循环，短期循环中的资产是流动资产，包括应收账款、现金、银行存款、药品、库存物资、加工材料等；1年以上的资金周转被称为长期循环，主要包括固定资产。

六、医院财务管理的任务

（一）依法编制经费预算

医院财务人员应根据医院财务制度的规定，认真做好预算内资金、预算外资金和各种专项资金、专用基金的计划编制工作，计划内容、金额要符合本单位的实际情况，严格按照国家规定列示。

（二）合理安排各项资金

医院在安排使用各项资金时，应厉行节约，量入为出。在各项目同时需要资金时，应有轻、重、缓、急之分，尤其是在医院财力有限的情况下，更应突出重点项目，把握主要矛盾。这就要求财务人员不但在项目选择上保重点、压一般，优化支出结构，而且在所有项目上科学、合理地安排资金支出比例，以切实保证医院工作任务的完成。

（三）注重国有资产管理

医院要注重国有资产管理，充分发挥国有资产的使用效益，防止国有资产流失。医院对于货币类资产要严格控制支出，凡是支出都要有规定的批准程序，符合计划；对于实物类资产，管理和使用都必须贯彻"统一领导，分工管理，层层负责，合理调配，管用结合，物尽其用"的原则，购置要有计划，验收要严肃认真，使用、保管要有责任制度，购进、发出、报废手续要完备清楚，保证记录健全，账物相符，账账相符，同时要加强管理，健全维修、校验等制度，使资产保持完好，并防止资产闲置，提高资产的使用效益。

（四）加强财务机构管理

医院财务部门应在医院管理者的直接领导下，健全和加强财务机构管理，切实做好核算、计划管理、经济活动分析和财务监督管理等工作，充分发挥经济杠杆的作用，努力提高各项资金的使用效益。

（五）加强财务报表分析

医院财务人员应按规定及时编报决算，如实反映财务收支计划执行结果，定期进行财务活动分析，参与财务决策。医院财务报表是反映一定时期内单位预算收支执行情况和资金活动情况的书面报告。为了进一步了解单位预算执行情况，相关人员应对财务报表进行认真分析，以便找出工作中存在的问题，提出改进措施和意见，协助医院管理者做好决策工作。

七、医院财务管理的目标

医院财务管理是对医院资金的取得和使用的管理。在市场经济条件下，医院在遵守政府相关卫生政策的前提下，根据医疗服务的需求，提供医疗服务，同时取得合理的经济补偿。因此，医院要充分利用医疗技术设备等卫生资源，向社会提供优质高效的服务，从而满足市场需求，获得最大经济效益。医院财务管理的目标包括如下几个方面。

（一）结余最大化

收支的结余表明医院新创造了财富，结余越多说明医院的经济效益越好，经济运行质量越高。一家经常亏损的医院是很难追求社会效益的。

（二）资产保值增值

公立医院的最大"股东"是国家。作为投资主体，国家开办医院的目的是促使医院为社会提供公平、价廉、优质的服务。因此，医院只有树立资产保值增值观念，长期保持资产活力，不断增加盈余，才能生存和发展。

（三）积累事业基金

医院积累的事业基金，是医院自主支配的资金。事业基金的多少，反映了医院发展潜力的大小。事业基金可以用来改造就医环境、增添设备、扩大规模，既能使医院提供更多、更好的医疗服务，又能使其获得更多的结余。所以，事业基金是医院发展的原动力，是医院经济实力的体现。

信息化建设对于医院财务管理发挥着重要的影响作用，在此基础上，医院财务管理工作发展的未来趋势表现为以下三方面。一是电子化。医院应用计算机软件能够促进工作效率的全面提升，传统人工整理汇总资料的方法被替代，纸质报表、手工填单也被替代，存储、修改、查询财务数据和信息的便利性提高，信息也能够实现便捷化传递。不仅如此，医院应用计算机软件也能够提升财务数据的精准度，医院相关人员能够应用多元化的方法检查数据信息，避免产生主观计算错误。二是集中化。在传统的医院财务管理中，各种信息呈现出分散分布的特点，财务人员收集信息要耗费很多精力和时间。医院信息化建设能够连接分散的信息，将数据信息资料整合起来，强化彼此之间的联系，发挥各自的最大化价值。医院信息化建设还能够连接外部信息与内部信息，通过分析每月财务报表，最终形成完整的财务报告。三是全面性。医院信息化建设对医院财务人员提出了全新的高要求，要求他们既具备专业知识，又熟悉计算机软件操作，能够准确判断与识别信息，妥善处理财务管理的相关业务，提高自身的综合素质和管理能力，为广大用户提供高质量的便捷服务。

（1）完善药品管理系统。在医院管理工作中，药品管理是关键内容，其和患者直接接触，会对患者产生关键影响。构建信息化药品管理系统，详细记录药品的生产批号、剂量、型号、规格、数量、名称等信息，能够实现医院药品管理精细化的目的。不仅如此，信息化建设还能够使医院管理者了解每个科室药品的分布情况，以及药品的价格、有效期、生产厂家、生产批次等信息，从而及时处理不符合规定、过期的药品。医院药品管理系统能够显示药品的盈亏、价格调整、领用等方面的情况，每月生成药品的销售、库存、进货等情况的报表。医院借助这些报表，能够科学判断药品管理的情况，了解医院各种药品的库存情况和销售情况，为之后药品的进货、结账奠定基础。

（2）完善收费管理系统。医院通过信息化技术，能够构建成体系的收费管理系统，从而全面提升医院精细化管理水平。从医院的职能角度分析，医院收费包含住院收费与门诊收费。其中，住院收费较为复杂，在登记信息时，要输入患者的具体信息，患者缴纳押金才能够办理住院手续，医护人员或患者能够通过就诊卡号，查询患者诊治费用的信息，管理工作的流程被大大简化了。相比较而言，门诊收费比较简单，患者结合医院的建议和处方，利用自动缴费机或到医院的缴费窗口就能缴费。这一管理方法既能够提升收费的精准性，又能够将医院管理人员的工作难度降到最低，与此同时，服务效率也能得到大幅提升，患者无须排队等候太久。逐步构建并不断完善医院收费管理系统，借助科学技术，促进财务管理工作效率的提升，避免工作过程中出现问题，才能优化医护人员和患者之间的关系，促进医院稳定发展。

（3）完善财务管理系统。医院通过现代化的信息技术，构建财务管理系统，并促进该系统不断完善，使其在药品销售、门诊收费等各方面发挥积极作用。在此基础上，财务人员能够编制完善的财务报表，将医院在某一阶段的经营发展情况表现出来。与此同时，医院管理者能够结合以上信息，分析和判断医院的经营情况，制定科学的战略规划，从而提高医院的管理质量，为医院的发展奠定基础。财务管理系统与医院内部其他信息系统的融合情况如图6-1所示。

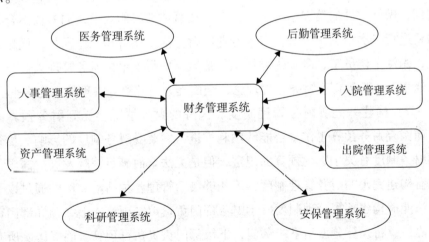

图6-1 财务管理系统与医院内部其他信息系统的融合

（4）转变医院管理者的财务管理理念。医院管理者要积极转变财务管理理念，意识到信息化建设能够全面提升医院管理能力；依据医院本身的发展情况，加大人才和资金的投入力度，从长远发展的角度，逐步实现电子病历结构化、信息化，促进远程会诊效率的有效提升，并构建护士手持终端护理、医生手持终端查房等现代化医疗系统，提高医护人员的工作效率，降低其工作强度。在开展财务精细化管理的同时，财务人员也要充分意识到信息化发挥的关键作用，要通过学习和培训，全面提高个人的信息素养。

（5）完善医院财务风险控制体系。医院财务风险控制体系在财务管理系统中发挥着重要作用，医院必须完善财务管理系统，不断强化对财务活动的精细化控制与管理，关注财务档案管理信息化建设，建立财务资料保密制度，强化信息系统的安全防御能力，降低财务风险，从而保证数据的可靠性。立足医院发展的角度，在控制财务风险的基础上，医院还需要具体划分财务风险类型，分析事件的类别，落实风险目标控制活动；同时加强对医院财务风险控制工作的监督，明确相关工作人员的工作职责，确保责任落实到人，规范风险控制的方法、过程等。在具体开展风险控制工作时，要按照规章制度落实相关工作，达到医院财务管理的目标和效果。

（6）提升财务管理人员的管理能力与水平。现代社会对人才的需求量非常大，信息化社会需要财务管理人员具有较高的综合素质，所以在医院财务管理信息化建设过程中，医院要促进财务管理人员管理能力与水平的全面提升，对他们提出更高的要求。首先，要重视对财务管理人员在专业知识和技能方面的培训，做好软件的培训学习工作，并考核培训学习的效果，如考核不合格，还需要进行二次培训。其次，引入专业的财务信息化管理工作人员，优化人才梯队，淘汰末位员工，激励优秀员工。最后，加强本单位财务管理人员与外部的沟通学习，积极创新财务管理理念，全面提升医院财务管理信息化水平。

（7）构建并完善财务管理制度。医院的财务情况会受到财务预算的影响，而医院财务预算工作是否能够顺利推进，主要受财务制度的影响。尽管医院的财务制度有关于医院预算的规定，但是无法全面满足医院发展的需求，医院只有构建完善的财务管理制度，才能够灵活管理各种活动。医院通过以下几种方法能够构建预算管理制度。①财务部门负责编制预算，上级领导部门审核批准之后，将预算分派给下级部门，下级部门负责执行预算，确保医院所有工作人员都能够了解医院整体的财务情况。②细化整体预算，相关分管部门如果有额外的预算，则将申请提交给上级领导部门，经审核批准之后，方可执行，做到财务信息透明化、公开化，使得全体工作人员都清楚医院的财务情况，并能够提出科学的建议与意见，促进医院财务管理水平的全面提升。

第二节 公立医院内部审计信息化建设研究

一、公立医院内部审计的内容

公立医院内部审计的主要内容包括六个方面。

（一）财务收支审计

一方面，内部审计部门应该审查医院账务情况，对于医院日常运营的收支，应核查其经济业务发生的真实性，核查是否存在虚构收入的情况以及挪用公款支出的情况；对于政府补贴收入，应该审查相关补助文件，核查申请项目是否符合政府补助规范，以及政府补助后续是否真实收到并正确入账。另一方面，公立医院应该合理计提科研资金和使用专项资金，不应挪用专款进行其他项目的支出，内部审计部门应该对这些现象保持职业怀疑态度，严格审查该类账务真实性。

（二）内部控制审计

公立医院内部控制主要针对内部控制设计层面以及执行层面。内部控制设计层面主要涉及整体业务层面以及具体业务层面的核查，其中整体业务层面主要涉及公立医院是否能治好患者的疾病以及疾病的治愈率情况；具体业务层面涉及的事项较多，如药品价格管控是否遵循国家规章制度、科研经费运用是否恰当、工程项目管理是否遵循相关准则要求确定履约进度、设备采购是否依据招标流程进行而不是利益关联方的采购行为等相关具体业务流程。这些都需要内部审计部门进行监督。

（三）预算执行和决算审计

公立医院是否依据政府会计准则编制预算、预算执行是否有效都是内部审计部门需要关注的重点。内部审计部门要执行国家审计职能，对公立医院内部决算报表的合理性进行评价，并提出相关改进建议。

（四）经济责任审计

公立医院应该对领导干部设计相应的KPI，采用激励与惩罚措施来促进领导干部履行好自己的职责，内部审计部门应该对领导干部进行监督并定期评价其KPI是否达标，如领导干部是否定期完成自己的KPI以及对公立医院的贡献度是多少。如果有领导干部失职的情况，内部审计部门应该评估失职带来的后果的严重程度，如是否影响了公众利益，是否有向外部监管机构汇报的情况。内部审计部门应该充当好公立医院履行社会责任的代表。

（五）建设工程项目审计

一方面，公立医院的建设工程项目进度应该及时向内部审计部门汇报，内部审计部门也应该对项目的全过程进行监督，核查项目支出是否合理以及工程项目是否合规；另一方面，财务部门应该对建设工程项目履约进度进行合理估计，内部审计部门应该评价其估计的合理性，可以依据支出占总支出的比例，也可以依据工作时间占总时间的比例。内部审计部门应该确保财务部门建设项目工程做账的正确性。

（六）经济合同审计

公立医院经济合同的签订、执行、终止应该由内部审计部门负责监督。内部审计部门应该确保经济合同的签订遵循法律规定、经济合同履行情况正常、经济合同终止不涉及赔偿等，确保经济合同发生的真实性，降低合同履约风险。

二、公立医院内部审计的特点

（一）审计范围的全面性

公立医院内部审计不同于企业的内部审计，企业内部审计只需要对企业财务收支情况进行监督，而公立医院内部审计涉及建设工程项目、财务预算和决算、物资采购、药品价格管控、医疗科研支出、领导干部经济责任等。公立医院具有非营利性，尤其近几年私立医院的兴起以及医疗行业门槛的降低，使得公立医院的竞争越来越激烈，因此审计范围的全面性是公立医院竞争力提高的一种方式。

（二）外部监管机构的多重性

公立医院内部审计最终需要配合外部审计工作，公立医院的外部监管机构除有卫健局，还有药监局、物价部门、教育部门等诸多外部监管机构。鉴于公立组织应该履行其社会责任，公立医院的主要经营目的是提供优质的医疗服务，为社会大众谋福利。

（三）规章制度的严格性

公立医院作为与人民群众利益切身相关的公立组织，其行为受到国家的严格管控。例如，对于药品价格管控，国家拟定指导意见来取消药品加成；对于内部控制监督，国家订立内部控制规范来指导公立医院内部控制；对于医院规模规划以及住院床位限制，国家制定规划指导意见；对于做账的准确性，国家制定相关财务制度来规范公立医院做账；对于医疗收费，国家制定处理意见来改善医院乱收费现象；等等。如果公立医院违反相关规章制度，国家惩罚力度较大，会影响公立医院的运营效率，所以内部审计部门应该确保医院遵守相关规章制度。

三、公立医院内部审计信息化

（一）内部审计信息化的内容

被审单位所处行业特点及自身发展特点影响了内部审计信息化的内容，其大致可以分为信息系统内部控制审计、信息系统组成部分审计以及信息系统生命周期审计三个方面。在信息系统内部控制审计方面，其主要是对被审单位内部信息系统整体运行的全过程进行有效控制和监督，信息系统的有效运行关乎被审单位组织内部经营风险的高低，而经营风险进一步影响审计风险；在信息系统组成部分审计方面，其主要针对具体业务层面而言，被审单位应对各部门不同的信息系统进行统一管理，使其服务于整体层面的信息系统，对信息系统整体层面发挥一定的辅助作用；在信息系统生命周期审计方面，其主要是针对信息系统的正常维护以及更新换代，信息化背景下信息系统升级较快，被审单位应该及时关注所处行业变化以及自身发展变化，对信息系统进行定期维护和更新。具体内容见表6-1。

表6-1　内部审计信息化的内容

主要组成部分	组成部分的具体说明
信息系统内部控制审计	针对组织整体层面制定相关审计程序确保系统的有效运行
信息系统组成部分审计	针对组织具体业务层面制定相关审计程序确保系统的有效运行
信息系统生命周期审计	针对信息系统的定期维护及更新换代制定相关审计程序

（二）内部审计信息化的特点

内部审计信息化最大的特点就是信息化技术的应用与传统审计的结合。对于大批量的数据，传统审计容易出现人工录入错误等相关问题，而信息化审计可以避免这些问题。内部审计人员可以依据信息化平台进行数据的收集、分析以及存储等，对于大批量的数据计算机可以快速录入并且自动识别错误，但是也容易出现人工故意窜改数据的问题，为了实现组织目标，完成业绩管理，组织管理层可能利用职权来窜改相关数据以达到业绩奖励等指标。整体而言，内部审计信息化大幅度提高了内部审计的效率以及质量，当然在信息化带来好处的同时，组织也需要关注信息化审计所带来的风险。总之，内部审计信息化的特点具体可以归结为以下三个方面。

1. 利用计算机辅助审计

随着信息化的不断深入以及审计环境的变化，计算机辅助审计开始在各行各业兴起，然而不同行业的内部审计信息化建设情况也不一致，各单位应该根据自身行业特点以及目标来建设内部审计信息化。传统内部审计都是依靠手工处理数据的，而利用计算机辅助审计可以自动汇总和分析数据。利用信息化技术，内部审计不再进行繁杂重复的审计活动，组织内部的业务可以在信息化平台上进行整合。平台可以进行初步分析，筛选出具有审计风险的业务部分，提示组织管理者对其予以关注，这在一定程度上可以降低组织的运营风险，提高内部审计的效率与质量。

2. 规范内部审计流程

内部审计信息化进一步规范了内部审计流程，我国内部审计建设相对较晚，内部审计信息化建设有进一步改善的空间。传统内部审计主要依靠人工，人工内部审计更具灵活性，不同内部审计人员对于内部审计流程的应用有所差别，在提升内部审计效率的前提下，内部审计人员会按照自己的判断对流程进行相应的改变，对于审计方法的使用也有一定的区别，能否从根本上提高内部审计的效率不能确定。所以，传统内部审计一方面流程具有灵活性，另一方面内部审计人员对流程的不同理解与应用也可能增加了运营风险，而内部审计信息化规范了一系列具体流程，对于内部审计方法的选择与使用会有固定模板，内部审计人员只需要按照流程指示来操作，在一定程度上保障了内部控制运行的有效性。

3. 推进内部审计转型

当前内部审计不再是传统审计简单的查错纠弊，而是更加注重风险预警以及事前事中审计等增值功能。信息化技术是一个中介平台，利用计算机技术进行内部审计信息化，一方面可以推进内部审计的转型，并且克服距离、时间等因素限制，使非现场审计成为可能；另一方面可以使内部审计从事后审计变成事前、事中审计，进一步防范组织的运营风险。

四、公立医院内部审计信息化建设的必要性

随着公立医院改革的不断推进，科学的质量安全管理模式已经成为医院，特别是大型综合性医院可持续发展的重要管理手段。内部审计作为一种重要的管理手段和自我改进机制，成为医院监督管理体系的一个重要组成部分，能够帮助医院及时发现问题，采取纠正措施或预防措施，使体系不断完善，不断改进。内部审计工作是对管理的再管理，不仅能实现有效监督和改进，也有助于完善医院的人员机制，增强医院的向心力和凝聚力，是医院自身健康有序发展的内在保障。医院信息化建设程度代表着医院现代化管理水平和服务能力，借助信息化手段开展内部审计工作，构建全程信息化的医院内部评审体系，不仅可以提高医院的管理水平和工作效率，也能重组就医流程，优化就医环境，还能实现资源共享，提高监管透明度，从而促进医院全面质量管理体系的建立和精细化管理的可持续开展。

当前医院信息化发展已经普遍实现高度集成化、全面化的现代管理模式，全面信息化也是医院精细化运营管理、良性运行的基础和必要条件。同时，医院的经营模式也日新月异，其所带来的相关运营风险也出现了联动性、多样

性、复杂性和隐蔽性等特征。这对医院内部审计信息化建设提出了更高的要求，医院内部审计工作也只有通过丰富多样的信息化手段和功能才能为审计工作提供保障。由此，医院内部审计信息化建设的重要性和必要性可见一斑，医院内部审计信息化是加强内部审计工作的必然选择。

五、公立医院内部审计信息化建设的目标

（一）提高审计质量与效率

内部审计信息化最重要的作用就是提高审计质量与效率，这也是衡量内部审计工作的核心标准。公立医院内部审计信息化建设的首要目标就是提高内部审计效率与质量。公立医院可以通过核查内部审计的执行过程来判断内部审计是否提高了效率与质量。在内部审计工作执行过程中，传统审计主要依靠手工复核原始资料，内部审计人员从大量的数据中选取样本数据，再分析数据的真实性与准确性，这难免会产生人工错误，如数据的重复抽取、原始数据录入有误差、人为数据分析具有主观性、手工数据分析可能会出现偏差或者考虑因素不全面等问题。而信息化技术下的内部审计能在一定程度上规避上述问题发生的风险，现场审计与信息化的结合会大大提高内部审计效率与质量，两者是互补关系：一方面现场审计能解决计算机审计涉及人为因素的问题，另一方面信息化技术的应用能规避人为审计的一些风险。所以，传统内部审计工作的转型会在一定程度上保障和提高内部审计的质量与效率，公立医院采用信息化技术进行内部审计工作，能充分发挥内部审计的职能，从而更好地促进医院内部审计信息化的发展以及提高审计质量与效率。保障审计质量是提高审计效率的前提，审计质量不过关，审计效率再高也是无意义的。所以，公立医院内部审计信息化建设的首要目标就是提升内部审计质量与效率。

（二）建立信息化审计团队

对于公立医院而言，提高内部审计人员信息化能力是重要目标，也是提高内部审计效率与质量的关键。随着公立医院规模的不断扩大、业务量的不断增加、业务流程的不断细化，公立医院的数据信息也在大幅度增加，利用信息化技术处理数据就很有必要了。手工处理数据的速度相对较慢，且处理数据的准确性不如信息化技术，所以信息化技术的应用在提升内部审计效率与质量上非常重要，而信息化技术的应用前提是内部审计人员具备信息化能力。有些公

立医院内部审计人员不具备较强的信息化能力，主观上不愿意花时间学习信息化技术，客观上医院没有鼓励内部审计人员提升信息化能力。所以，公立医院应该建立内部审计信息化环境，采取激励与惩罚措施促使内部审计人员学习计算机技术。内部审计人员的专业能力与信息化技术都将是内部审计人员的考核标准，也是未来公立医院对内部审计人员的招聘标准。此外，公立医院还应该建立制度来规范内部审计人员信息化能力的提升，引进专业审计知识丰富与信息化能力较强的复合型人才。综上所述，建立信息化审计团队是保障公立医院内部审计质量与效率的基础，也是公立医院基于社会信息化发展必须采取的措施。

（三）节约审计资源

传统内部审计模式向现代内部审计模式的转型在一定程度上节约了审计资源。在资源有限的情况下利用信息化技术，在不损害内部审计工作开展的前提下，整体提升了内部审计效率与质量，这也是帕累托最优原则的一种体现。公立医院通常更愿意将资源用在医疗科研上，未对内部审计信息化形成正确的认识，而内部审计信息化的作用远远大于信息化技术的投入，人工审计的效率较低，人工审计出现的错误会影响审计质量，人工审计对数据的分析和处理不如计算机，纸质原始资料的保管不如信息化记录，这些都是审计资源浪费。所以，从长远角度来看，内部审计信息化建设在一定程度上节约了审计资源。公立医院内部审计信息化会减少人工成本，使非现场审计成为可能，这将会大大节约审计资源。此外，内部审计信息化能将事后审计变成事前、事中审计，防范内部审计风险，从而减少风险带来的后续支出。

（四）防范审计风险

现代内部审计正在从监督职能向风险防范的增值职能转换，所以公立医院内部审计信息化建设的重要目标也是防范审计风险。公立医院可以通过风险预警平台来实现此目标，具体可以从三个方面来看。

1.建立风险评估模块

公立医院在内部审计信息化的建设过程中会遇到诸多风险，而信息化最大的作用就是风险预警，建立重要的风险预警模块是内部审计信息化的重要组成部分。它能识别审计中的错报风险以及分析检查风险，并根据重要性程度对风险进行排序。公立医院可根据风险评估结果事先采取风险降低措施。

2.建立规章制度

公立医院的业务流程日渐复杂，数据化信息也越来越多，医院应该建立相关规章制度来防范业务流程复杂化带来的风险，针对不同部门，制定严格的规章制度；各部门领导要严格遵循规章制度来执行业务流程，规章制度也应该明确各部门领导和医护人员的具体职责，从而保障内部规章制度的有效执行。

3.进行统一控制活动

不同岗位对应不同职责，在规章制度中应对其加以明确。对于具体业务流程对应的相关人员，内部审计部门应该严格核查其工作履行情况；审核相关重大事项是否经批准、系统流程的执行是否经授权等也都是内部审计的工作。这些都是系统的统一控制活动，内部审计部门应该确保控制活动的有效运行。

六、公立医院内部审计信息化建设框架的构建

内部审计信息化建设框架主要包括一个审计信息集成门户、两个主要审计系统（分别是审计管理系统和审计作业系统）和一个风险预警平台。

（一）建立公立医院的审计信息集成门户

公立医院内部信息的共享存在一定的阻碍，各部门之间存在信息壁垒的情况，所以建立一个信息共享的平台对公立医院来说非常重要。审计信息集成门户是公立医院实现信息交流和信息互通的平台，也是公立医院向医疗信息化第三阶段迈进的标志。医院内所有部门经授权后，可以在平台上搜索相关信息，如医院的通知公告、最新政策、最新医疗科研成果、工作动态等都可以在审计信息集成门户中找到；所有医护人员共享一个审计信息集成门户平台，可以在信息集成门户中进行数据收集、访问、收集等工作；内部审计部门在审计时可以利用信息门户浏览医院各部门的动态，从而更好地发挥内部审计的监督职能。在实施内部审计时各部门的信息都可以在信息门户中找到，进而不会打扰各部门的正常工作，内部审计工作的效率也相应地得到了提高。审计信息集成门户还是公立医院具体审计作业的基础，集成化的平台可以实现资源的共享，内部审计部门经授权后可以无限制地收集充分且相关的审计证据，不再有审计范围受限的困扰。综上所述，审计信息集成门户是公立医院信息交流的平台，所有医护人员可以在有限的时间内快速地搜寻到相关信息，内部审计人员也可以利用信息化平台更高效地实施审计程序。

（二）引入公立医院审计管理系统

引入公立医院审计管理系统是构建内部审计信息化建设框架的第二步。审计管理具体由审计决策支持子系统、审计项目管理子系统和审计知识管理子系统三个部分组成。

审计决策支持子系统主要是针对人力资源管理、审计项目动态管理、项目考核管理等，其与审计项目管理子系统、风险预警平台等是互相支持的关系。公立医院内部审计人员的招聘就属于审计决策支持子系统的工作范畴，一方面对内部审计人员进行严格考核和人事筛选，才能为建设内部审计信息化奠定良好的基础；另一方面公立医院内部审计人员也可以通过这个系统关注审计项目的动态，设立具体的标准来考核项目的完成度是否符合公立医院的要求。

审计项目管理子系统主要是针对具体审计项目的管理，对公立医院财务收支、设备物资采购、工程项目建设等具体审计项目，事前拟定最初的审计计划、事中实施具体审计程序、事后出具审计报告的审计全过程实施信息化管理都属于审计项目管理子系统的范畴。公立医院内部审计部门可以通过这个系统对具体审计业务实施全过程监督，评估相关业务的风险水平，制定相关的应对策略，从而更好地提高审计效率。

审计知识管理子系统是公立医院各部门学习的平台，其中会呈现具体的审计案例、审计实施程序、审计成果等。各部门可以根据具体案例学习如何规范业务流程，对于信息数据的收集、分析、整理采用何种方式才能更好地适应医院的管理；内部审计人员可以通过平台增强自身专业能力，加深对医疗行业的了解，在实施内部审计时，对于相似的业务流程可以借鉴审计知识管理子系统中的案例分析来实施审计程序，这能在很大程度上提高内部审计的质量和效率。

（三）开发公立医院审计作业系统

开发公立医院审计作业系统是内部审计信息化建设的第三步，审计作业系统也是判断内部审计信息化建设是否有效的重要手段。信息化技术的应用使非现场审计成为可能，对于公立医院的具体业务流程可以采取实时在线审计，通过信息门户进行数据信息的共享。公立医院具体审计作业主要是财务收支审计、工程项目建设审计、设备物资采购审计、科研项目审计、经济合同审计等，通过将内部审计系统与这些业务流程的信息化系统进行整合，实现信息的共享和互通，内部审计部门可以根据具体业务流程实施在线审计，这会大幅度提升内部审计的质量与效率。

审计数据分析平台是审计作业系统的一部分，可以通过对公立医院具体业务流程的数据收集、分析、挖掘，发现数据中的风险点，数据间的相关性也可以通过审计数据分析平台呈现。审计数据分析平台还是内部审计部门实施在线审计的基础，数据分析和非现场审计的结合将会是公立医院推进内部审计信息化建设的重要步骤。

内部控制审计系统是保障内部控制审计实施的载体，患者的病历信息、药品的存放信息、领导的职责履行情况都需要内部控制来监督核查，而内部控制审计系统就是保障内部控制有效性的支持性系统。信息系统审计主要是针对信息系统的安全性，信息化风险也是公立医院需要关注的重点，尤其在内部审计信息化后系统风险的控制非常重要，确保信息化系统的安全也是内部审计部门保障审计质量的前提。

（四）创建公立医院风险预警平台

创建公立医院风险预警平台是内部审计信息化建设的最后一步。在信息化时代，公立医院提高风险的敏感度是非常重要的。风险预警平台主要由持续审计预警系统和风险管理审计系统组成。内部审计的职能已经由监督职能向风险预警职能转换，事后审计逐渐转变成事前、事中审计，而针对公立医院的具体业务流程，实时审计是保障业务流程质量的有效监督途径。通过对业务流程实施持续审计，可以识别审计过程中的风险，分析风险的类型，从而制定风险应对策略来管理风险。公立医院风险预警平台可以对识别出的风险进行排序，对于高风险点，内部审计部门应该对其全过程实时严格的监督，并提前制定好风险管理应对策略。

风险预警指标主要分为七类：资产获利能力、偿债能力、经济效率、企业发展潜力、财务弹性、盈利能力以及举债经营的财务风险。现以公立医院为例，分析七类风险预警指标。针对公立医院，风险预警指标主要根据具体的业务流程设置，获利不是公立医院的最终目标，服务社会、服务人民才是公立医院区别于民营医院最大的特点。公立医院目前发展规模较大，建设项目相对较多，举债扩张容易引起财务风险，关注公立医院的流动比率以及资产负债率有利于风险防范。如果公立医院流动比率过高，会使流动资金失去再投资机会，一旦资金链断裂，医院就无法正常还款，其运营就会出现问题，可以重点关注审计作业的工程项目审计。经济效率主要考虑应收账款周转率以及产销平衡率。对于公立医院，医疗收费基本不存在应收情况，主要可以关注患者对于公立医院治疗效果的满意程度。对于公立医院的发展潜力，内部审计信息化建设程度反映了医院的未来发展方向，科研项目审计也可以反映医院目前的科研投入以及未来的科研发展前景。财务弹性指公立医院为适应未预料到的需要和机会所具备的采取有效措施的能力，主要与医院营业活动产生的现金净流入相关。医疗服务收费是医院的主要现金流入，医疗服务的标准收费是否能满足医院的正常运营需求、是否能应对不确定风险的发生都可以体现医院的财务弹性。盈利不是公立医院所追求的目标，医院的正常运营能满足人民的基本医疗需求是公立医院所追求的，但是公立医院持续处于亏损状态，就表明医院的运营存在着很大问题。对于举债经营的财务风险，公立医院内部审计部门要加以关注。医院的扩张规模以及扩张速度都需要强大的资金支持，举债以及国家补贴是主要的资金来源。从根本上讲，一个全部用自有资金从事经营的医院不会有财务风险，而实际上举债是很多公立医院扩张时所采取的对策，当负债经营资产收益率小于债务的资本成本率时，就会出现财务风险，从而影响医院的长远发展。综上所述，在内部审计信息化建设过程中，创建风险预警平台非常关键，关注风险预警指标的变化、树立全面风险管理意识都是公立医院内部审计信息化建设的必经之路。

（五）公立医院内部审计信息化后应予以关注的风险

1. 内部审计信息化后的一般控制风险

信息化技术的引入伴随着的是信息系统的一般控制风险的出现，公立医院在内部审计信息化后如何管控系统的一般控制风险是关键。信息系统的一般控制风险可以从系统的控制环境、开发、变更、运行维护、安全等方面进行分析。

（1）信息系统的控制环境风险。系统控制环境是保障信息系统稳定运行的基础，也是信息系统内部控制的基础。对于公立医院内部审计信息化建设，医院的审计制度和人事制度都影响着内部审计信息化的控制环境。审计制度是内部审计的前提，审计流程的规范、审计程序的具体实施都由审计制度指引着，都决定着内部审计信息化的质量；人事制度具体是指内部审计信息化人员的招聘标准，包括人员对医疗行业的了解、对审计专业知识的了解、对信息化技术的了解，是保障公立医院内部审计信息化有效实施的人为因素。如果公立医院信息系统控制环境有风险，就可能导致内部审计信息化建设失败，所以规范审计制度和聘用复合型人才是应对控制环境风险的两种措施。

（2）信息系统的开发风险。系统开发风险也是公立医院内部审计信息化后应予以重视的。鉴于医院的特殊性，标准的审计软件往往不能满足公立医院的需求，如何在有限的资源投入下应用最适合公立医院的内部审计信息化软件是值得思考的。如果购入一套标准化审计软件，但是不能与其他医疗系统整合，兼容性存在障碍，只能满足内部审计部门的需求，那么即使其价格再优惠，也只是医院资源的浪费。所以对于审计软件的购买，公立医院应从审计软件的开发环节出发，针对自身的信息化现状，参与审计软件的开发或者向审计软件公司提出相应的需求，这样才能在一定程度上降低内部审计信息化软件的开发风险。

（3）信息系统的变更风险。随着公立医院规模的变化、业务量的变化、信息化程度的变化，公立医院对信息系统的需求也会发生变化，为了及时满足自身发展的需求，公立医院必须对信息系统进行完善或变更，内部审计信息化系统也需要进行相应的调整。一方面如果其他医疗信息系统进行了变更，而内部审计信息化系统未及时变更或者变更的系统与变更后的其他医疗信息系统存在一定的兼容问题，这就使公立医院面临信息系统变更风险；另一方面如果信息化软件进行了变更，而信息化人员对新系统需要一定的适应时间，也会产生信息系统变更风险。所以为了应对系统变更风险，公立医院应该及时调整内部审计信息化软件或者定期培训信息化人员。

（4）信息系统的运行维护风险。公立医院内部审计信息化系统应用后，对系统的定期运行维护非常重要，运行维护风险将会影响公立医院内部审计信息化的效率与质量。对于信息系统日常运行出现的问题，公立医院应该及时记录并找技术人员进行解决，解决后对于同样的运行维护故障设置预案，避免出现同样的运行维护故障。所以，公立医院应该安排专业技术人员对医疗信息化系统进行定期维护，从而保障医院的正常运行。

（5）信息系统的安全风险。信息系统安全问题同样是公立医院内部审计信息化后会面临的问题。信息系统安全管理可以从用户授权管理着手，对于内部审计信息化系统，应该只授权内部审计人员进入，设置访问权限，防止其他人员对内部审计数据进行窜改。同时，对于患者的信息也应该严格保密，医院内部相关人员可以核实患者信息，但是不应该将患者信息泄露给第三方，这会影响患者对医院的满意度。所以，为了降低信息系统的安全风险，公立医院对于信息化系统应该设置访问权限，对于医院内部工作人员设置工号，综合利用防火墙等确保系统的安全运行。

2. 内部审计信息化后的应用控制风险

信息系统的应用控制是为保证特定业务流程正常运转而对具体应用系统进行的控制活动，包括业务处理流程整体控制、输入控制、处理控制和输出控制等。针对公立医院的具体业务流程，内部审计信息化后的应用控制风险主要涉及医疗财务收支核算的应用控制风险、工程建设项目的应用控制风险、医疗设备采购的应用控制风险等。

（1）医疗财务收支核算的应用控制风险。目前我国公立医院已经取消了药品加成，国家通过政府补贴来弥补药品收入的损失。公立医院鉴于公益性，应该以为人民群众提供基本医疗服务为宗旨，而不应该以盈利为宗旨，但还是会有少数公立医院为了追求利润最大化，存在不正当提高医疗服务费用的行为，所以公立医院的财务收支核算非常重要。公立医院规模较大，业务量较多，对于医疗财务收支核算的应用控制更为重要。公立医院内部审计信息化后，内部审计部门应该严格核查医疗收费的标准，通过与同水平的医院相比较，评价相同项目收费价格的合理性。信息化的数据可能更容易被隐藏，收费的不合理现象不容易被发现，所以公立医院内部审计部门应该更加谨慎。

（2）工程建设项目的应用控制风险。目前，公立医院规模扩张较快，相关工程建设项目的应用控制也很重要。规模的扩大可能带来风险，公立医院不能盲目追求规模的扩大，应该严格遵循国家授权批准的建设规模，避免出现高杠杆举债建设和超标装修的情况。规模的扩大需要资金的支持，公立医院应该考虑自身的资金来源，评估资金来源的可靠性，尽量减少大量举债建设，防止资金链断裂所带来的严重后果。目前很多公立医院为了扩大规模，存在盲目改扩建的情况，前期未做可行性研究，造成了资源的大量浪费以及医疗用地的大量闲置，而且其大部分建设资金都来自国家的补贴，如果盲目改扩建，就是对国家资源的严重浪费。另外，工程项目建设过程中本来就存在很多风险，从设计环节到最后的竣工决算环节都需要较强的专业知识，如果公立医院自身不具备相关专业知识，就只能聘请第三方进行建设，使得其对工程项目的主动权较少，工程项目的质量存在风险。综上所述，对于工程项目建设，公立医院应该严格遵守规划要求，并考虑自身发展需要以及资金来源的可靠性；内部审计部门应该严格监督工程项目建设的全过程，避免盲目改扩建现象，保证公立医院内部审计信息化的质量与效率。

（3）医疗设备采购的应用控制风险。虽然公立医院的医疗设备采购流程较规范，但从采购计划开始，到计划的审批流程，再到通过招标流程选择合适的供应商，最后到医疗设备的入库，各个环节都可能出现风险，如采购计划制订不合理、未经授权进行采购、未经正规流程购买医疗设备等。所以，医疗设备采购的应用控制风险本身就很高，内部审计部门更需要严格核查。采购计划制订不合理主要表现在盲目购买设备、重复购买设备导致设备闲置的情况，未经授权进行采购是盲目购买的另外一种表现，未经正规流程购买医疗设备易导致购买的设备不符合要求，这些都是风险的具体表现。另外，医院的医疗设备是医院的重要资产，其价值占总资产价值的比重较大，每台医疗设备的价格也比较昂贵，所以提升医疗设备管理信息化水平非常重要。对于医疗设备都应该录入信息化系统，内部审计部门应该定期核查资产是否真实存在，对于报废的资产应核查是否有报废审批流程以及报废实物，是否存在设备未入账以及实物丢失的情况，这些都可能引起医院内部的舞弊行为，也是医疗设备采购的应用控制风险所在。此外，医疗设备未及时更新换代也是一种风险，医疗设备的准确检测对于患者来说非常重要，如果设备不能满足患者的需求，就会造成患者的流失，从而影响整个医院的运行。综上所述，公立医院内部审计部门应该严格核查设备采购流程，确保设备采购的合理性，核查设备参数是否符合医院的需求。在医疗设备的后续维护中，应定期复核资产状况，核查报废资产审批流程的合规性等，从而降低公立医院设备采购环节的应用控制风险。

七、公立医院内部审计信息化建设的保障措施

（一）创造公立医院良好的审计信息化环境

主观上提高内部审计人员对信息化建设的认识，客观上创造良好的审计信息化环境是保障公立医院内部审计信息化建设顺利进行的前提。内部审计信息化建设不应该仅仅是标语，公立医院应该从行动上证明对内部审计信息化建设的重视程度。首先，公立医院领导和管理层应该重视内部审计信息化建设，了解内部审计信息化的风险防范职能以及具体的内部审计工作流程，将内部审计信息化建设融入医院的经营管理，深刻了解其重要性，这样才能有效开展内部

审计工作。其次，公立医院应该培养全院工作人员的内部审计意识，具体阐述内部审计信息化的概念以及作用，让工作人员理解内部审计工作，并且积极配合内部审计工作，从而保证内部审计工作顺利开展，这也是提高内部审计工作效率的途径。最后，各部门信息系统应该与内部审计信息化系统保持信息互通和信息共享，给内部审计部门创造一个良好的审计信息平台，减少信息不对称问题对内部审计工作开展的阻碍。可以从以上三个方面出发，创造一个良好的审计环境，整体提高公立医院对内部审计信息化建设的认识。

（二）理顺公立医院内部审计信息化管理机构委托代理关系并规范权责利

根据委托代理理论，公立医院内部信息化管理机构与内部审计人员的委托代理关系应该进行明确划分，院领导不直接参与医院的日常运营，对于内部审计工作，院领导应该全权委托相关审计信息化专业人士进行，内部审计人员向院领导或者院长汇报内部控制情况即可。内部审计人员应该完成相关内部审计任务。第一，对于设备物资、建设工程项目、经济合同、财务收支和预决算、领导干部经济责任等相关方面，内部审计人员应该严格履行监督责任，对其进行审计，在发现存在违规违法现象时，及时向院长或其他院领导汇报，并积极配合领导调查相关情况。第二，内部审计人员应不断学习执行审计的有关法律法规和规章制度，增强自身业务能力。第三，如果发现医院内部重大违法事项涉及院领导，内部审计人员应该考虑向更上一级领导汇报情况，必要时向相关政府监督机构反映情况，以更好地完成受托责任。理顺公立医院内部审计信息化管理机构委托代理关系并规范权责利是医院内部审计信息化建设的基础。

（三）强化公立医院管理层与内部审计人员的全面风险管理意识

公立医院内部审计信息化建设如果暴露在不可控风险之下，那么其内部审计信息化建设就失去了意义。所以，强化医院管理层与内部审计人员的全面风险管理意识非常重要，具体可以从以下三方面着手。

1.正确认识风险

风险不是不可控的，通过评估风险、分析风险类型、制定风险应对策略可以在一定程度上防范风险。在日常的运营和管理中，医院应该根据其所处的内外部环境建设自身的风险管理文化，并在医院内部进行宣传和培训，确保医院管理层和内部审计人员正确认识风险，意识到基于医院的特殊性和信息化的不断深入，风险再小也可能导致很大的损失。这也与前文创造公立医院良好的审计信息化环境相呼应，所以在主观上培养管理层与内部审计人员对风险的认识非常重要。

2.风险管理全员参加

风险管理并不是内部审计人员的唯一责任，内部审计的数据来源于不同部门，医院所有设备物资、建设工程项目、经济合同、财务收支和预决算事项等都可能影响内部审计的质量，所以内部审计人员和院领导应该起到表率作用，带动医院其他部门的员工，通过这种方式让员工意识到风险管控不是一个人的战斗，而是全员参与的过程，它不仅仅是内部审计信息化人员的职责，也是医院其他部门和人员的职责。

3.建立风险管控制度

有风险的地方就会有风险应对策略，这对于风险管控至关重要。开展风险管控不只是应对外部监管者的监督要求，而且医院需要这样的制度来保证内部审计信息化建设工作的合理推进，良好的制度才能保障医院的平稳运行。

（四）采用激励与约束机制提升公立医院内部审计人员的信息化能力

采用激励与约束机制来提升公立医院内部审计人员的信息化能力的措施有以下两个方面。一方面，改变薪酬结构，将内部审计的质量与薪酬结构挂钩，这能在一定程度上使内部审计人员形成主动参与信息化建设的态度；另一方面，给内部审计人员设置KPI，完成KPI有业绩提成等奖励，未完成KPI会限制晋升的时间等，这也会促进内部审计人员主动参加信息化培训。

此外，人力资源是公立医院内部审计信息建设顺利推行的主要载体。内部审计人员应该同时具备专业能力以及信息化能力，还要对医疗行业有一定的了解，这应该成为公立医院内部审计人员的考核标准，而不应该仅仅关注内部审计人员的专业能力。综上所述，积极调整现有的招聘标准，加强内部审计综合性人才的引进，定期对内部审计人员进行信息化培训，将人力资源与医院整体联系起来，有利于公立医院的长远发展，也有利于公立医院内部审计信息化建设的顺利推行。

第三节　信息化环境下的医院固定资产内部控制

一、医院固定资产的范围

医院的日常工作多种多样，包括医疗、教学、科研、行政、后勤等方面，这些工作的开展都离不开固定资产的支持。固定资产在医院资产中占较大比例，其价值的大小和数量的多少在一定程度上能够反映一家医院的规模大小以及医疗水平、科研水平和服务水平的高低，是判断医院综合实力的重要指标，在一定程度上决定了一家医院在同行业中的地位。根据财政部发布的最新的《医院财务制度》及《医院会计制度》规定，固定资产是指医院为提供医疗服务、管理、运营而持有的单位价值在1500元及以上的专业设备，或者单位价值在1000元以上的一般设备，且具备使用期限在一年以上（不含一年），并在使用过程中基本保持原有物质形态这两个条件，如房屋建筑物、专业医疗设备、普通设备等；单位价值虽没有达到一定的标准，但耐用时间在一年以上（不含一年）的大批同类物资，如办公桌椅、床单被罩等，也视为固定资产进行管理；图书参照固定资产的管理办法，但是不用计提折旧；应用软件需根据具体情况进行分类核算，一些软件不是硬件运行中必不可少的组成部分，如医院自行开发或购买的财务信息系统、医疗信息系统、人力资源管理系统等各个信息系统软件，价值相对较大，但是不安装硬件设备，这些软件也可正常使用，则应该把这些软件系统作为无形资产核算。如果硬件设备脱离某软件系统不能正常工作，如计算机不安装操作系统便无法运转，则应将这类软件系统视作对应硬件设备的一部分，作为固定资产进行核算。

二、内部控制和信息化的相关理论

（一）内部控制相关理论

1.内部控制相关概念

"由公司的董事会、管理层和其他人工实施的，为运营的效益和效率、财务报告的可靠性和遵守应用的法律法规等目标的达成而提供合理保证的过程。"这是美国反虚假财务报告委员会下属发起人委员会在其发布的《内部控制——整合框架》中对内部控制所下的定义。我国发布的《企业内部控制基本规范》对我国企业内部控制具有重要的指导意义，其中明确指出："本规范所称内部控制，是由企业董事会、监事会、经理层和全体员工实施的、旨在实现控制目标的过程。内部控制的目标是合理保证企业经营管理合法合规、资产安全、财务报告及相关信息真实完整，提高经营效率和效果，促进企业实现发展战略。"我国《企业内部控制基本规范》中提出的内部控制的定义明确了实施内部控制的主体以及所应实现的目标，为我国企业内部控制建设指明了方向。内部控制由控制环境、风险评估、控制活动、信息与沟通以及监督这五个基本要素构成，它们之间相互联系、相互配合、相互影响，组成了一个完整的有机系统。

2.公立医院内部控制特征

与一般企业不同，公立医院属于非营利性组织、事业单位，其存在的目标不是盈利、实现股东财富最大化，而是侧重于社会公共服务与公共管理活动的开展，强调效率与公平的统一性。如果事业单位管理者缺乏履行受托责任的自觉性，单位内部又缺乏控制机制，在单位管理的框架结构中就缺少对公共权力的监督和制约，可能会降低国有资产的利用效率，从而降低整体服务效率和水平，甚至可能会产生公共道德风险问题。完善的内部控制系统可以促使医院全体员工自觉遵守规章制度，帮助医院提高管理水平和服务质量，使医院各项工作有序进行。

事业单位建设内部控制体系的主要目标与企业有所不同，主要在于有效防范舞弊和预防腐败，以及及时发现已发生的舞弊及腐败行为，采取相应措施防止损失进一步扩大，提高公共服务的效率。根据《行政事业单位内部控制规范（试行）》规定，内部控制是指单位为实现控制目标，通过制定制度、实施措施和执行程序，对经济活动的风险进行防范和管控。由于事业单位的主要工作是为社会提供公共服务，加上其特殊的产权所有方式，事业单位内部控制的主要目标不仅包括合理保证单位经济活动合法合规、资产安全和使用有效、财务信息真实完整，还包括有效防范舞弊和预防腐败，使公共服务的效率得到提升。公立医院内部控制是指为了实现经济效益与社会效益双提升，医院在保证不违反国家法律制度及财政政策的前提下制定一系列规章制度，并对各部门的经济活动以及医疗业务实行监督的完整系统。医院应加强内部控制系统的建设，以实现以下目标：确保医院的日常运营符合国家的法律法规规定，合理保证财务信息及其他管理信息的真实可靠、安全完整及时效性，保护医院国有资产，防止国有资产流失，提高资产利用率，减少不必要的开支，对风险进行有效的识别和应对，确保医院各项工作有序开展。

（二）信息化相关理论

1.信息化的含义

信息化是企业以先进的管理理念为指导，广泛利用先进的信息技术，对业务处理及经营管理流程与信息系统进行整合，将企业的生产、经营、管理等业务过程进行数字化，使企业决策者能够及时获取更加全面的信息，进而做出科学的决策，合理配置资源，提高企业的经营管理水平，增强企业的市场竞争力。信息化的发展在一定程度上实现了生产与管理过程的自动化，将部分工作人员从繁重的重复劳动中解放出来。信息化还在企业战略、组织结构、业务流程等方面发挥作用，帮助企业更新管理理念，创新管理模式，优化管理流程，从对企业物流的管理发展为对企业信息流的管理，为企业核心竞争力的提高添砖加瓦。

2.医院信息化的含义及发展

医院信息化是指医院根据自身的特点，将日常业务和管理与管理信息系统相融合，使所采集的数据高度集成，实现数据资源的共享与交换，为医院管理者的决策提供可靠依据，同时改善患者的就医体验，使医院的医疗、科研、教学与管理水平更上一个台阶。

医院信息化发展主要经历医院管理信息化、临床管理信息化以及局域医疗卫生服务这三个阶段。医院由着眼于一个部门业务需求的单机版或者部门局域网环境下的信息化管理软件，经过多种信息的系统整合，增加丰富的功能，应用以患者的电子病历为核心的临床管理信息化系统，逐步实现信息处理无纸化，医院内部、医院与相关部门、医院与医院之间信息传递无障碍化，进而实现现代化远程医疗，使医院间的信息交换更加流畅，达到更深层次的信息的社会共享。

三、信息化对医院内部控制的影响

（一）信息化对医院内部控制范围的影响

1.信息化对医院内部控制范围的横向影响

横向影响是指信息化对医院内部控制对象范围的影响。在传统环境下，医院内部控制主要是针对工作人员的岗位分工、各项业务活动的处理方法和程序以及管理制度进行的控制，各个部门的控制活动联系不够紧密，导致内部控制效率较低、效果较差。在信息化环境下，医院所使用的信息系统使医院各部门形成一个有机整体，内部控制环环相扣，在一定程度上扩大了内部控制的范围。信息系统的应用会出现传统系统中不存在的风险，这使得医院必须加强对计算机硬件与软件的控制、对信息系统的安全控制、对系统使用权限的控制、对计算机病毒的防控、对系统开发与程序修改的控制等，以确保系统的正常运行。由于信息化环境下信息存储介质的变化，医院不仅要对纸质资料进行输出归档，加强管理，更要注重对电子介质的信息资料及其存储设备的管理，维护数据的安全。另外，复杂信息系统的应用也要求医院加强对多元化专业人才的引进与培训。

2.信息化对医院内部控制范围的纵向影响

纵向影响是指信息化对医院内部控制实施时间的影响。医院信息系统的应用为医院内部控制提供了强大的技术支撑。在传统环境下，医院的内部控制主要依靠事后控制，在实际业务活动发生以后，根据事先确定的控制标准，对实际的工作结果进行比较、分析和评价。而在信息化环境下，医院的内部控制将控制的重点转向事前预测与事中监控。在设计信息系统时，要充分考虑医院的业务流程与关键控制点，将事前、事中、事后控制与信息系统相融合，使信息系统在有效运行时自然体现内部控制的思想，对于可能出现的风险提前预警，在进行业务处理时进行实时监控，对业务处理结果进行分析评价，使风险得到合理控制。

（二）信息化对医院内部控制要素的影响

在信息化环境下，内部控制的五个基本要素并没有发生改变，但是信息系统的实施给医院带来了技术变革，改变了医院的业务流程，使各项要素在新的环境下反映出新内容，展现出新特征。医院只有充分了解这些新内容、新特征，才能采取正确的措施，对之前的内部控制制度进行改进，以适应新环境。

1.信息化对医院控制环境的影响

内部控制在控制环境这个土壤中发芽、生长。控制环境是内部控制其他要素的基础，主要由企业文化、经营理念、经营风格、组织结构、责任的分配与授权、员工的胜任能力及道德价值观、人力资源政策和措施等内容构成。这些内容影响着医院全体员工对内部控制所持的态度以及内部控制意识的形成。

信息化给医院带来了先进的技术手段，优化了医院的管理理念与方法，为医院的运营注入了新活力。信息系统的应用大幅度提高了医院的工作效率，使医院能够有更多的精力为患者提供更优质的服务。但是，这在一定程度上也改变了医院的工作管理理念和业务处理流程。面对复杂的信息系统，医院的工作人员要与时俱进，不断学习先进的工作理念和方法，跟上先进技术的发展步伐。在信息化环境下，信息系统将医院各个部门紧密联系起来，形成一张信息网，每个部门、每位员工都是网上的一个点，参与其中。部门、员工之间必须相互协调，准确无误地履行自己的职责，高度信息共享，才能为自己以及其他部门、员工提供工作便利，提高整体的工作效率。在信息化的业务操作过程中，一部分身份识别和授权工作需要信息系统完成，在进行程序设置时一定要考虑周全，防范日后发生越权风险。在信息化环境下，医院要组织员工进行系统操作方面的培训，对员工进行信息系统安全教育，向员工灌输信息化条件下内部控制的理念与重要性，提高员工的整体素质。医院要重视对管理、财务、医疗、计算机等方面复合型人才的引进与培养，使医院信息系统能够最大限度发挥作用，更好地为医院和患者服务。

2.信息化对医院风险评估的影响

风险评估作为内部控制的重要组成要素，是指识别经营过程中可能存在的风险，并对风险的发生概率、所导致的损失程度以及医院对风险的承受能力等进行科学评估，进而及时采取相应的措施管理和控制风险，提升医院内部控制的效率和效果。风险评估要素由风险识别、风险评估、风险应对三个子要素构成，信息系统的运用为风险的管理和控制提供了先进的技术工具，对风险评估的三个子要素产生了一定的影响。

在信息化环境下，医院除了要识别和评估传统环境下存在的财务风险、法律风险等，还要识别由于信息系统的应用而增加的新风险。信息系统的应用在一定程度上改变了业务流程和管理流程，依附这些流程而存在的风险也会有所变化，要注意识别新的关键控制点。在信息化环境下，业务流程的高度自动化在某种程度上可以避免传统方式下由人员计算错误等造成的人为错误。如果人们依赖信息系统，就要对由此带来的新风险引起足够的重视，如信息系统规划建设治理风险、系统内部控制程序设计漏洞风险、数据输入质量风险、系统与数据安全风险、硬件与软件运转稳定性的风险等。

先进的信息技术为人们风险识别与评估提供了较大的便利，使人们能够更加及时、有效地应对风险。医院可以在信息系统中建立风险识别和风险评估模型，利用系统采集并储存的海量数据与信息，对重大风险进行预警，建立预见性的应变机制，自动进行风险识别和评估。由于风险识别与评估的能力增强，医院的风险应对也逐渐由以事后反馈型为主转变为以事中监测、事前预警为主。

3.信息化对医院控制活动的影响

控制活动是指描述应该做什么的政策以及描述应该怎样做的程序，这些政策和程序有助于防范或者发现并规避运营过程中的风险，确保管理层指示得以执行，以实现医院运营的目标。内部控制活动贯穿医院的各个层次、部门和业务流程，传统手工环境下的控制活动主要有不相容职务分离控制、授权审批控制、业务流程与操作规程控制、预算管理控制、会计系统控制、绩效考评控制、财产保全控制等，信息化环境下更应注重信息系统的一般控制和应用控制。

医院信息系统实行的是流程化的管理和自动化的控制，所以医院高层管理者在进行信息系统规划建设时，要充分考虑医院本身的业务特征，将业务流程与信息系统流程相整合，重组后的业务流程相较于之前的业务流程会有所变化，关键控制点也会随之改变。信息系统要根据内部控制的关键控制点设置完善的内部控制机制和程序，在上游阻止失控情况的发生。在信息化环境下，不相容职务分离、授权、独立检查等控制需要通过信息系统内设置的内部控制程序和机制来完成，如设置控制凭证类别程序、控制凭证序号程序、控制时间程序、控制金额程序、控制授权口令及操作权限程序等。信息资产是信息化环境下产生的重要的无形资产，应当通过操作权限设置、授权口令密码设置、防火墙、信息系统审计等措施对信息资产进行接触控制。对信息系统的控制可以确保内部控制的完整性以及执行的有效性，保障系统的安全稳定运行以及信息数据不被非法窜改、泄露。

4.信息化对医院信息和沟通的影响

信息和沟通是指来自医院内部及外部的财务及非财务信息在某个时段被识别、采集，并在医院内部各个层次和各个部门之间以及医院与外部环境之间传递，使工作人员可以更好地履行自己的职责。随着信息技术的发展，信息系统的应用可以更迅速、更广泛地提供更有价值的信息，医院应当充分发挥信息技术在信息和沟通中的作用，使信息不再分散，并能够在更大的范围内实现信息共享，令信息更加真实、完整，传递与沟通更加及时、顺畅。

在传统环境下，医院各个部门的医疗信息、财务信息、政策信息等都是分散的，信息系统相互孤立，有时相同的数据需要在不同的系统中多次重复输入，这样做一方面效率较低，工作烦琐；另一方面更容易出现错误，数据间的核对也非常不方便。在信息化环境下，各个系统经过整合成为一个有机整体，数据在各个分系统之间可以自由传输，信息流不再滞后于资金流与物流，信息的及时性得到很大程度的提高。业务数据在某一个系统模块中录入保存后，便可以即时在相关模块中导出，实现信息数据的共享。这些特性使得信息更加透明化，各个模块可以相互牵制，更多人参与到监督工作中，信息更加真实完整，信息质量也得到了提高。

强人的信息系统能够识别并获得更多、更全面的与内部控制相关的财务信息及非财务信息，并使这些信息在医院内部以及与外界进行有效传递，确保信息的真实性与及时性。系统的相对开放性不仅使医院内部工作人员和管理者的沟通更加及时、便捷，也使医院与银行、税务、政府相关部门等进行对接，对卫生系统信息化战略的实施有着深远的意义。

5.信息化对医院监督的影响

监督是为了识别控制缺陷和漏洞、确保内部控制有效并被执行而采取持续性的监督活动和独立评估以及两者相结合的方式，对内部控制的运行情况及运行质量进行跟踪和评估，并做出相应的反馈，进一步完善内部控制系统。对内部控制的评估结果，特别是识别出的内部控制的现存缺陷或潜在漏洞，相关人员应自下而上向管理层报告，及时对内部控制工作做出改进。

在先进的信息技术环境下，持续性监督可由信息系统内特定的计算机程序完成。这种系统程序能够对数据进行实时采集，并将控制测试设为常规任务。该程序可以使医院管理者和内部审计人员对内部控制的实施进行持续性监控，从而提高监督效率。但是，人工监督的方式仍然需要保留。由于信息系统的高度自动化、程序化，如果原始数据发生错误，之后可能会发生一连串的错误且不易被发现，而且系统程序具有一定的固定性，不能随着业务的发展变化进行自我优化来适应新的情况，这些情况都需要人工监督来弥补自动化监督的不足。医院管理者和内部审计人员应当定期或者不定期对内部控制的持续有效性进行评估，并对评估结果进行分析，讨论针对缺陷和漏洞应采取哪些有效措施，如完善内部控制的设计，相关专业人员要根据业务发展情况及时对系统、程序、参数等做出修改，使内部控制系统得到进一步完善。

（三）信息化对医院内部控制重点的影响

在传统人工操作环境下，内部控制主要是通过对员工行为的约束及监控，确保信息数据的真实性和完整性，控制重点分散于各个业务部门。传统内部控制通过业务操作控制及数据处理控制，使不相容职务相互分离，将不同员工对同一数据的处理结果进行比对和分析，以达到防范舞弊和消除错误的目的。在信息化环境下，计算机承担了几乎所有数据处理的责任，在保证原始数据及系统程序准确性的前提下，基本可以保证数据处理的正确性，不需通过适当分散数据、划分处理方法等将数据处理结果进行比对，因此一些传统的职能岗位会发生合并，转而更加注重对原始数据录入的控制和对进行数据采集和处理的信息系统的控制，内部控制的重点自然转向信息系统部门。大型公立医院的业务量大，其信息系统的数据库中存储着海量数据，一旦信息系统出现问题或遭受病毒攻击导致系统瘫痪或者数据被窜改、泄露、丢失，就会给医院造成较大的损失，给前来就医的患者带来不便。

在信息化条件下，日常业务通过计算机系统完成，这就存在如何体现岗位分工的问题，使不该接触数据的人无法接触数据，使不该修改数据的人不能修改数据。要使计算机辨别合法与非法操作人员，规定操作权限是关键。另外，由于信息系统及数据储存介质的特殊性，信息数据的篡改可以不留痕迹，难以让人察觉。因此，信息化条件下的内部控制更要加强对员工操作计算机的监督，更加注重采集数据时的输入控制、系统的操作权限控制、信息系统与信息安全控制等。

（四）信息化对医院内部控制方式的影响

在传统人工操作环境下，内部控制的主要方式是制度控制。工作按照业务流程进行分解，用指令和控制制度将各个流程相连接，将指令从上级传达至下级，通过较高层来控制较低层，等级非常明显。而在现在的医院信息化环境下，内部控制的方式更加多元化，由单一的制度控制发展为制度控制与程序控制相结合。信息系统与内部控制理念的融合，将业务流程的关键控制点嵌入信息系统，工作人员在进行业务处理时必须符合嵌有内部控制的程序设计，否则无法进行下一步操作。这样可以在一定程度上避免人为控制的随意性和主观性，从而减少一些人为舞弊和错误，提高控制效果。信息系统的应用使每一位工作人员都成为控制网络上的一个决策点或节点，自觉参与到系统的控制活动中。信息系统的全面覆盖使得信息的沟通与共享更加便捷，真正实现了全员参与的自我控制，提升了控制效果。

四、信息化环境下医院固定资产内部控制的优化策略

（一）升级固定资产管理信息系统

医院固定资产内部控制所采取的措施必须紧跟社会发展的步伐，控制手段必须科学、合理、高效，最终达到的效果是医院固定资产的内部控制工作有条不紊，工作效率得到提高，工作流程得到简化。医院的固定资产内部控制工作和医院的信息化关系密切，因此必须建设完善的医院信息系统。固定资产内部控制工作要突出信息化的重点。医院固定资产管理信息化建设一定要统筹规划，积极投入充足的人力、物力以及财力，全面考虑医院的具体需求。

医院固定资产管理信息系统在功能上必须满足医院固定资产管理工作在各个层面的具体需求。因此，医院要对业务操作层、管理决策层等层面的需求进行分析，将现代信息技术及信息系统应用于固定资产管理的各个环节，还要保证固定资产管理信息系统与其他信息系统无缝对接。固定资产管理信息系统可以实现固定资产的申购、招投标、采购、维修保养、淘汰报废等各个环节的全程数字化，包括固定资产卡片管理、设备条码管理、固定资产明细账、折旧管理、维修保养、质量控制、转科管理、盘点清理、报废管理、成本效益分析、

数据统计等，相关人员可以在权限范围内进行资产信息查询。该系统还具有共享平台、数据备份及导入导出等功能。另外，该系统还需具备"三证"管理、到期提醒、维修提醒等功能，以有效控制风险。该系统应与医院其他信息系统建立连接，让各科室依据不同权限共享固定资产管理部门的数据。同时，该系统还需要利用其他系统的数据进行分析，为管理层提供决策依据，为监管部门提供管理信息，既保证自身的独立性，又形成有机统一的整体，实现固定资产管理部门对全院物资设备的统筹管理和临床科室的规划使用。该系统要通过一定的手段对数据的输入进行控制，这在一定程度上可以确保数据的有效性和合法性，并对操作过程中遗漏、重复、错误等行为进行提示和制止，设置相应的修改权限并显示修改记录，设置相应的输出权限。相关工作人员要经常对系统进行维护，以保证数据与系统的安全性。

医院可以采用条形码或二维码的形式对固定资产进行登记、分类，利用现代化技术手段对其进行清点、管理。这些技术的应用为数据的采集提供了很大的便利，解决了固定资产实物清查的瓶颈问题，并能够满足相关人员查询、统计、决策、管理的需要，克服传统管理方式带来的缺陷。同时，这些技术还能对固定资产进行全信息、全过程、全方位管理，充分利用医院现有网络技术力量，全面整合资源，将医院固定资产管理工作提到一个新的高度。

（二）加强风险评估与应对

医院应根据不同的管理层次和内部架构设立不同的目标，这些目标要与医院的整体战略相结合。医院整体层面的目标是医院要实现的使命和价值，体现了医院的整体战略。操作层面的目标是针对医院不同的经营活动所制定的专门化、具体化的目标。整体层面的目标与操作层面的目标紧密相关，彼此统一，相互补充。目标的设立有助于管理者及工作人员把握工作的方向，防止因偏离目标而造成风险。

在竞争加剧的情况下，医院更需要在风险管理上下功夫，这对于医院的可持续发展是很重要的。医院固定资产投资较大，而且投资结果不可逆，一旦投资决策失误就会造成较大的浪费，所以要慎重进行投资决策。为了防止出现投资决策失误，造成国有资产浪费，医院应该建立投资决策集体审议制度，集思广益，在固定资产的投资建设前事先论证项目的可行性，慎重做出投资决策。

信息管理系统能够采用先进的技术手段识别各个事项，对过去的事项进行永久记录，并能对未来的潜在事项以及事项的发生趋势进行预测，从而使医院实现全方位、实时的风险控制，使医院对风险的识别与评估更加精准，提高医院风险应对能力。医院原有的风险管理体制有时不能很好地适应信息化环境的变化，网络的共享性和开放性不仅为医院的风险管理提供了便利，也为医院带来新的风险。因此，医院需要不断对风险管理体系进行完善，建立适应信息化环境变化的风险管理体系。

清晰的业务流程可以帮助医院识别经营过程中的关键风险控制点，使医院发现潜在的风险因素，有效规避风险。医院可以将固定资产从建造或购置、验收、使用、日常核算、维护、移动到处置的每个业务的具体处理流程与信息系统相结合，进行业务流程整合，识别出在信息系统业务处理模式下业务流程的关键控制点，将其作为风险控制的重点，并设置相应的风险应对程序和措施。

（三）规范相关控制活动

医院在固定资产管理工作中要严格遵循不相容岗位分离原则，明确系统操作人员及其对应的工作职责范围，严格按照操作人员的职责范围进行权限设置，既要便于日后工作的开展，又要防止因操作权限授予不当发生越权行为。对系统操作人员的登录密码要做好保密工作，不能公开，从而实现不相容岗位的有效分离，保证不相容岗位的工作不能由同一人完成，使各岗位人员相互牵制，有效规避风险。

在信息化环境下，医院需要将固定资产管理相关的业务流程与信息系统相融合，这不是简单地使原有流程实现自动化，也不只是将业务的各个环节记录于系统中，而是根据信息技术的特点对原有的业务工作流程进行再造，在此基础上对系统程序进行改进，从而使业务工作流程和信息系统实现高度整合，达到"1+1>2"的效果。在这种环境下，很多通过业务流程体现出的关键控制点随着信息系统与业务流程的融合而改变，实现内部控制的方式也与传统环境下有所不同。在进行业务流程再造的过程中，应结合信息系统的特点设计对关键环节的控制方式，根据业务流程特点对系统程序进行调试，充分挖掘信息系统实时动态控制的功能。

医院购入各类设备必须按照请购、审批、询价、公开招标等程序进行。在设备购买前，应由器械科、总务科、财务科、使用科室及医学专家等，结合本辖区疾病规律、群众经济水平、医院技术力量以及财务能力等方面对该项目进行科学的可行性研究，结合各设备技术指标及本院就诊人员流量，对设备投资进行质量技术分析和财务效益分析，经过反复研究论证得出结论，保证购置设备的必要性和经济性，杜绝盲目采购。重大设备采购应实行单位领导班子集体决策制，有效防止舞弊与腐败行为的发生。

（四）做好监督工作

医院要有效发挥内部审计人员的作用，使其定期或不定期地测试固定资产相关业务的控制活动，检查内部控制制度的制定及执行情况，确保对医院固定资产实施全程监控，发现问题并提出改进建议，不断完善固定资产的内部控制制度，提高固定资产的管理质量。内部审计人员还要对固定资产管理信息系统的工作状况进行定期检查和专业测试，为软件的开发、调整及修改工作提出建议，确保固定资产管理信息系统的有效运行，充分挖掘信息系统的固定资产管理价值。

第四节 医院预算管理信息化体系建设分析

一、医院预算管理的理论基础

（一）全面预算管理基本理论

1.全面预算管理的基本内容

全面预算管理的基本内容主要由业务、财务、资本和筹资预算这四大部分组成。业务预算是全面预算编制的起点；财务预算主要是指医院的收支预算；资本预算主要是项目支出预算，对于重大项目，要单独对其进行预算管理；筹资预算是当内部运营资金出现缺口时，为筹集长短期资金而编制的预算。在编制筹资预算时，应先确定筹资方案，由专家分析资本成本和收益，进行经济性论证，对于符合条件的上报上级管理部门进行审批。

健全的组织结构是全面预算管理的基础，组织结构通过职能界定职责以及各个机构之间的行政关系。完善的组织结构应包括三个层次，即预算决策机构、预算组织机构以及预算编制执行机构，如图6-2所示。

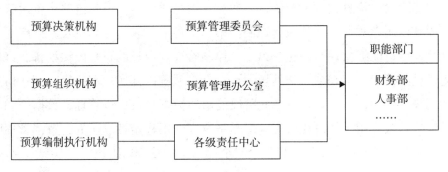

图6-2　预算管理组织结构

2.全面预算管理信息化的基本概念

全面预算管理信息化是计算机技术与全面预算管理相结合的产物，其将预算管理控制程序固化在系统中，可以实时反馈预算执行的具体情况，辅以人工或者自动控制，可以实现对超预算支出或超审批额度支出的约束，从而保证预算管理方案的顺利实施，并发挥其最大作用。

通过信息化，可以真正实现全员参与预算。在选择预算管理信息化工具时应重点关注以下几个要素：预算管理系统与ERP系统集成，支持多用户应用及浏览模式，规范数据源，将预算流程、编制方法及公式固化于系统中，加强系统安全管理，不相容岗位分离。

（二）战略目标管理理论

目标管理是以目标的实现为目的，运用规范、系统的方法，最终实现组织目标的全过程。目标管理注重权限管理，下级为实现目标需要一定的自主权，在实现目标的过程中强调自我控制。战略目标管理是把企业在较长一段时期内的发展战略融入目标制度，同时企业在发展过程中以战略目标的实现为导向。战略目标管理需要对企业自身所处环境、战略资源及能力进行评估，运用专业的方法，深入分析企业的综合信息，最终实现企业长短期利益的均衡和协调。

（三）诺兰阶段模型理论

20世纪80年代，美国管理信息系统专家理查德·诺兰（Richard L. Nolan）经过深入调查，明确指出了企业信息化发展必经的六个阶段，即初始阶段、传播阶段、控制阶段、集成阶段、数据管理阶段以及成熟阶段。诺兰强调信息从初级阶段到高级阶段的过程中不得逾越任何一个阶段。第一，初始阶段。在此阶段，信息化水平较低，虽然存在信息化设备，但是这些设备没有充分发挥其作用，对业务环节缺乏控制。第二，传播阶段。计算机技术被广泛应用，数据传递能够实现自动化。第三，控制阶段。通过购置软硬件设备制订信息化建设的计划，但是缺乏长远规划，没有在系统内部实现网络化，存在信息孤岛现象。第四，集成阶段。在此阶段能够对数据进行集成管理，数据库和远程通信技术被应用于信息化管理，但是系统存在不稳定性。第五，数据管理阶段。此阶段实现了在同一信息化平台对全部信息的处理，如ERP的实施。第六，成熟阶段。此阶段真正实现了信息化和管理的结合，企业内外部所有资源得到了充分整合，实现了对客户关系、企业门户、商业智能、供应链的专业化管理。

二、医院预算管理信息化的要素

第一，在设定医院预算目标时，要综合考虑医院的发展战略。在设定预算目标的过程中，要考虑医院5至10年的发展战略，在战略规划的指导下确定医院的年度预算，即将医院的经营战略转化为年度预算目标，从而保证预算目标不会偏离医院发展战略，并使两者相互适应。在预算管理信息系统中固化分解模型，将其层层分解至各个责任中心，强化各个责任中心的目标导向，有利于医院在战略规划的指导下循序渐进地实现年度预算目标。

第二，通过"引导+主动"的方式建立上下互动的预算协调机制。预算管理各部门在预算编制、执行、调整和分析以及考核的整个过程中都要保持充分的沟通，强化信息在各部门之间的流通，如有脱离实际情况的现象应及时进行调整。

第三，分析和建立科学的预算考核体系。医院应成立预算考核小组，制定预算考核方法及制度，依据平衡计分卡设置医院综合考核指标体系，突出公益性的考核指标，将考核结果与每位医务人员的薪资挂钩，建立奖惩制度，从而使预算发挥积极作用，共同实现预算目标。

第四，建立动态的信息化管理体系。在预算编制过程中，年度预算可以采用滚动预算法来编制，结合实际情况，调整后编制下期预算，使预算编制及执行完全处于一种动态的信息化监控环境中，以有效发挥预算的控制作用。在信息化的预算考核中，对预算考核结果的分析可以反过来指导预算编制，之后进行新一轮的预算改进。因此，建立动态的信息化管理体系有助于预算管理信息系统整体的优化。

　　第五，设计标准数据接口，将预算管理信息系统与医院其他财务管理系统以及业务系统集成融合。内部管理信息化会涉及总账、报表、固定资产、应收账款以及应付账款等多个模块，而预算管理信息系统的数据主要由其他信息系统提供，会涉及医院信息系统的各个部分。因此，各系统之间有必要设计标准的数据接口，实现信息传递，在预算管理信息系统中设置取数公式，将其他信息系统中的数据导入。因此，在预算管理信息系统设计时应考虑其他信息系统数据的导入，实现系统间一体化管理。

三、医院预算管理信息化体系完善的思路

（一）医院预算管理信息化的理念

　　医院在编制预算时应该树立"实现战略目标"的发展理念。如果预算目标没有结合医院发展战略，就会导致短期活动与长期发展目标相背离。树立以战略为基础的预算目标，并且使医院的预算管理信息系统处于动态的监控之中，可以使医院发展的各阶段相衔接。与战略管理对应的预算目标应该是多元而非一元的，与此同时，还应注意在预算管理过程中避免预算目标取代医院发展战略。因此，要使医院发展战略与总预算目标具有衔接关系。在确立各部门、各科室的预算目标与奖惩标准时，使其要符合预算管理制度的要求，具有一定的原则性，必须明确各个责任中心的预算目标，对于一些细节问题由各科室负责人对预算执行者做出具体规定。

（二）预算编制

1.预算编制信息系统的选择

　　医院资源规划（Hospital Resource Planning，HRP）是现代医院管理的重要手段之一，它能集成医院整体的信息，将医院内部管理信息扩展到医院外部。如果将全面预算管理系统作为HRP的模块运行，就无法对预算执行数据进行实时控制，也无法实时获取执行数据并进行差异对比和分析，而只能进行事后分析，这样便失去了预算的意义。其原因主要是，各个业务系统的数据必须经过财务管理系统生成凭证，并进行审核记账之后，经济业务数据以及指标才能传输到全面预算系统，预算只能是事后分析。因此，医院应选择以多维数据模型的查询和分析为基础的预算编制信息系统。

2.预算编制内容

医院的预算通常可划分成四大类：业务预算、资本预算、筹资预算和财务预算。预算编制信息化应当从不同的维度进行。业务预算反映的是医院日常经营活动，包括药品销量、采购量、人工成本、管理费用等的预算。资本预算主要涉及医院利用闲散资金进行的长于一年的投资业务。医院作为公益性事业单位，资金流在一般情况下比较充足，但是筹资预算在预算管理信息系统中也是不容忽视的。筹资预算在预算管理信息系统中主要考虑的是还款期限、还款金额、资本成本，并结合项目的收益率进行综合考虑。预算实际上是运营指标在价值量上的体现。在预算编制过程中要把预算目标分解细化到所有的业务范畴，并落实到个人身上。预算目标不仅包括财务指标还包括非财务指标，如顾客满意度、顾客投诉率等指标。

3.预算编制方法

医院需要根据不同的预算对象采用不同的预算编制方法，现阶段常见的方法主要有增量与零基预算法、固定与弹性预算法。每种方法都是相对而言的，都有各自的适用范围。对于一些在预算区间变化幅度不大的项目，在预算管理系统中可以采用增量预算法编制预算，如上级补助收入、管理费用等，由预算管理信息系统自动提取以前年度实际数并据此计算增长量。一些在预算期间金额波动较大的项目，则适用于零基预算法。在医院费用的报销方面，针对各年度波动不大的项目，可以以平均值为基础，考虑年度内的变化情况采用固定预算法编制预算。对于业务量、成本和利润之间具有联动关系的项目，可以采用弹性预算法编制预算。

4.预算编制流程

（1）预算目标的下达。期初，预算管理委员会结合卫生部制度引导和医院发展战略以及自身对内外部环境的初步预测，制定预算总体目标，由财务部门根据既定的分解方案将预算总体目标逐级下达给各个科室。医院的年度预算目标主要包括利润、现金流量、成本费用以及收入等目标。预算管理委员会通过召开会议等方式，综合预测各项目预算年度变化情况，确定预算编制的政策及方法，由财务部门汇总下达给各职能部门。

（2）预算编制及上报。各个职能部门在接到分解的预算目标之后，结合本部门自身的业务特点以及年度内可能影响预算数值的其他条件的变化，提出本部门具体的全面预算方案，由部门负责预算编制的人员按照一定的编制方法完成预算后将其提交给财务部门。

（3）上级部门对预算进行审核与批准。医院财务部门的相关预算人员审查并汇总各职能部门上报的全面预算方案。财务部门通过与各职能部门进行充分沟通和协调，防止预算松弛的情况出现，提出调整建议，传达给各职能部门，最终达成预算金额的平衡。各职能部门将修正后的预算方案再次上报给财务部门；财务部门依照调整后的预算方案编制医院的各类具体预算，将详细而全面的预算方案提交给预算管理委员会；预算管理委员会审核全面预算方案，提出同意或调整的建议，最终完成正式预算的编制。

（4）正式年度预算下达。相关领导层经过审议，批准正式年度预算后，下达至预算管理委员会，预算管理委员会再将正式年度预算下达至财务部门。财务部门将正式年度预算逐级分解成一系列的指标体系，下发给各相关职能部门，各职能部门负责人将本部门的预算指标继续分解给具体的每一位医务人员，并将其作为绩效考核依据。

（三）预算执行

预算管理信息化的重点是对预算执行的全过程进行实时监控。医院预算管理系统同前台运营、固定资产以及业务系统进行数据共享集成应用，预算管理信息系统会实时提取和汇总预算项目的实际发生金额，还可以根据实际情况针对超预算数据设置预警条件，在预算执行时会自动提取预算数据并和内置的预警条件对比，若达到预警条件则在业务系统中给予警告，这样就对项目起到事中监控的作用。预算管理信息系统的控制功能对预算目标的达成起到了促进作用，对费用的降低起到了约束作用。

（四）预算控制（调整）

外界环境的变化或者其他因素，有时会导致预算在执行过程中出现脱离实际的情况。为了保证预算的准确性，医院有必要对预算进行科学合理的调整。预算调整是指正式预算批准下达到各职能部门以后，由于外界环境的变化等，预算项目的数值发生变化，从而按照固化程序对预算项目的金额进行修改、完善。这种调整实际上是对预算的一种控制、完善和提升。预算调整可以使医院经营目标与医院资源使用更好地协调起来。

信息化环境下的预算调整主要包括三个程序：申请、审议和批准。

（1）预算调整的申请。由各科室的预算执行部门向财务部门提出申请报告，申请报告主要包括以下内容：①目前预算执行所占比例；②预算调整的原因和理由；③建议调整方案；④预算调整前后的指标对比；⑤预算调整后对医院预算总目标的影响。

（2）预算调整的审议。对于预算调整申请，由预算工作组或财务部门负责审议并提出审议意见，其内容包括审议参与人申请同意、反对或补充修改等审议过程。

（3）预算调整的批准。预算调整申请受理成功之后，进行授权审批，由预算管理委员会进行批复。预算管理委员会结合医院发展战略以及实际情况提出意见，如果不同意调整要指明原因或提出补充意见。预算调整范围较广，可能会影响到医院内部各个部门，通常将预算调整特别是重大预算调整的审批权限集中于预算管理委员会。

（五）预算分析与考核

预算管理信息系统支持多维度的查询和分析，医院可以实现对预算项目、预算期间、责任中心及会计科目等多个维度执行结果的查询，并可以实现医院经营活动的预算数据与实际执行结果的对比分析，对差异进行因素分析，查找差异出现的源头，生成分析报告，为医院经营决策提供可靠信息。

平衡计分卡是一个以战略目标为中心的综合评价系统。运用平衡计分卡方法，绩效考核不应该仅仅依赖财务指标的实现，应在原有的基础上增加客户、内部流程、学习和成长，这三个维度也应该作为预算考核指标的关键组成部分，四个维度的结合最终会提升财务绩效。医院的服务性、医院战略目标的多元化等决定了平衡计分卡模型应用于医院不同于应用于企业。基于医院的特殊性质，平衡计分卡应用于医院的基本模型如图6-3所示。

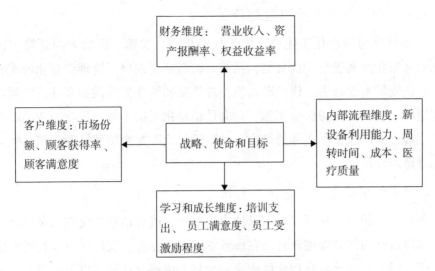

财务维度：营业收入、资产报酬率、权益收益率

客户维度：市场份额、顾客获得率、顾客满意度

战略、使命和目标

内部流程维度：新设备利用能力、周转时间、成本、医疗质量

学习和成长维度：培训支出、员工满意度、员工受激励程度

图6-3　平衡计分卡应用于医院的基本模型

平衡计分卡作为一种业绩评价体系被看作会计领域的创新工具，为管理会计与财务会计集成化的会计信息系统奠定了基础。医院可以将确定的战略目标映射到平衡计分卡中，并转换为四个维度的目标以及各个目标相应的计量指标，然后确定与属性相关的信息化载体，最后确定流程，以便将医院的管理会计与财务会计流程以及业务流程集成为会计信息系统。

四、医院预算管理信息化的实施路径

医院预算管理信息化进程根据信息化程度分成三个阶段，即初级业务阶段、多部门协同阶段和组织集成阶段。在诺兰阶段模型理论的指导下，医院预算管理信息化建设应首先确定所处的信息化层次，选择适合本阶段的实施路径。我国医院要实现整个信息系统的集成化管理，信息就不再仅仅局限于部门内共享，而是可以实现跨部门、跨地区共享以及传递。这种状态下的信息化程度最高，归属于诺兰阶段模型理论中信息化的成熟阶段。

（一）确定预算管理信息化整体规划以及实施策略

根据战略目标管理理论，结合医院预算管理信息化的整体规划，确定其实施策略的过程主要分为三个阶段：预算管理信息化战略规划阶段、预算管理信息化方案实施阶段以及预算管理信息化方案调整阶段。

1.预算管理信息化战略规划阶段

在预算管理信息化实施过程中,战略规划是关键。医院要对预算管理信息化的战略和方案进行全面规划,从战略的高度明确预算管理信息化的实施路径。从宏观的角度来讲,诺兰阶段模型理论从初级业务阶段到多部门协同阶段再到组织集成阶段都为医院实施管理会计信息化提供了战略指导。依据诺兰阶段模型理论并结合我国实际总结出的"阶段模式"是实施预算管理信息化必须首先遵循的原则。

2.预算管理信息化方案实施阶段

医院要按照自身预算管理需求的出现顺序,或者信息化管理水平的提高程度,选取适合的预算管理软件。在预算管理信息化方案实施之前,在通常情况下,医院需要部署预算管理软件的实施规划、规范会计核算以及配备必要的软件和硬件人才。在预算管理信息化方案实施过程中,医院要分析预算管理软件对预算管理的改善和提升作用,看其是否有助于医院节约成本、提高效率,实现医院的战略目标。

3.预算管理信息化方案调整阶段

如果在预算管理信息化方案实施过程中,医院发现其不能全面实现自身的预算管理目标,就要对预算管理软件各个模块的功能进行分析,在综合分析成本效益的基础上可以对预算管理软件进行二次开发或者个性化定制。通过对预算管理信息化方案的调整,可以实现预算的管理目标以及战略目标。

医院预算管理信息化是一项系统工程,离不开医院管理者的大力支持以及全体医务人员的积极配合。在新医改的背景下,国家鼓励医院以信息化为工具创新管理方式,因此医院应该在政府引导、政策支持的前提下,加快技术创新体系以及信息服务机构的建设,建立科学、规范的管理体系,为预算管理信息化提供技术支持和制度保障。具体来说,要规范医院的定额制度、库存管理制度、设备管理制度等;提高医院管理者的信息化意识,使其主动参与医院信息化知识培训;完善医院人才培养机制,培养并引进信息化人才。一方面,医院可以开展内部培训的社会招聘;另一方面,医院可以加强与高校科研机构的合作,为信息化的建设提供保障。

(二)预算管理信息化的共享功能平台

医院预算管理信息共享平台的设计目标是,构建一种使医院的协同运营过程中所涉及的药品供应商以及患者的各种信息和应用资源综合于一个信息系统的软件体系结构，使不同的信息和应用者之间可以实现共享与交互，作为一个整体运作。本书创建了一个分布式、开放结构的集成平台基础架构。预算管理信息共享平台框架如图6-4所示。

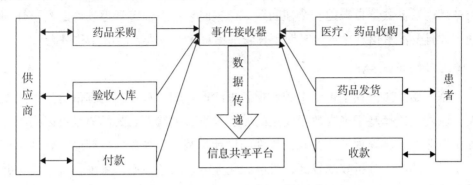

图6-4 预算管理信息共享平台框架图

（三）预算管理信息化的系统选型

根据信息化程度的不同，预算管理软件的发展主要经历了电子表格（Excel）、基于二维数据模型的预算软件、大型ERP软件预算管理模块、基于多维数据模型的专业预算管理软件几个阶段。虽然各类预算管理软件都存在一定的优势和不足，但是随着信息化的推进，预算管理软件的执行控制功能在不断提高。当前，无论从产品、技术、服务方面，还是从对用户的理解方面，进入医疗卫生领域的软件公司主要有金算盘软件有限公司、金蝶国际软件集团有限公司、用友网络科技股份有限公司等，可供信息化程度不同的医院进行选择。

1.初级业务阶段

大部分社区医院以及少部分县级医院信息化程度处于初级业务阶段。此阶段各个信息化的节点之间相互独立，数据不能实现共享。处于此阶段的医院在预算管理信息系统选型时多采用孤立的单机系统，仅仅从财务部门需求出发，使用部门级预算管理软件。因此，处于此阶段的医院应积极宣传预算管理信息化的意义，提升全体医务人员的信息化意识，培养信息化人才。

2.多部门协同阶段

多部门协同阶段在信息化进程中起着承上启下的作用。在这一阶段，信息可以在不同的节点之间相互传递，提高了信息的准确性，并且工资核算、往来核算、总账管理等模块业务可以实现集成管理，这样一来便可以实现整个财务部门内部的信息化数据共享以及集成化管理。这一阶段的预算管理信息系统选型主要集中在二维数据模型的预算软件方面。这一阶段需要注意的问题主要是财务部门数据共享带来的安全性问题，选型时要注意预算管理软件的安全性问题，并且要注意信息化过渡时期预算管理信息化专业人才的培养和引进。

3.组织集成阶段

基于诺兰阶段模型理论中的数据管理阶段理论，在预算管理信息系统选型上，医院应选择基于多维数据模型的专业预算管理软件。其优势是可以为医院提供专业的预算管理平台，并且软件的设计是基于多维数据模型的，软件中模型定义、编制、分析效率较高，可以固化业务、财务模型，减少公式定义，并且拥有专业的数据集成工具，可以有效整合现有系统的数据，供不同用户从不同角度进行编制和查询。预算管理软件和其他系统配合使用，可以满足组织集成阶段医院的需求。

（四）预算管理信息化的具体实施过程

1.正式环境部署

在预算管理信息系统全面实施之前，需要对实施环境进行规范，从预算管理制度、组织架构、预算管理流程等各个方面着手，在医院进行广泛宣传，使医务人员从思想上引起重视。另外，组建预算管理项目实施小组也是预算管理信息系统上线的关键因素之一。项目实施小组至少应该包括软件供应商和医院预算管理信息化的相关人员，有条件的也可以请专业的系统咨询公司加入。实施之前应当制订实施计划，确定阶段性的实施目标，明确各项任务的实施步骤、实施保障条件和预计完成时间。

2.关键用户培训

在医院预算管理信息化实施过程中，对关键用户的培训也是预算管理信息系统上线的关键因素之一。医院在推行全面预算管理前，各个用户对系统的认知不足，培训的目的就是使管理层认识到系统实施的必要性，并提供财力上的支持，使关键用户熟练应用预算管理信息系统，将系统功能发挥到最大，并且对出现的临时系统故障进行解决。对于不同的预算管理人员，培训内容应有所差异，具体见表6-1。

表6-1　关键用户培训计划

序号	培训对象	培训内容	培训人员
1	预算管理委员会成员	全面预算管理基本理论知识、项目管理方法、实施方法	软件供应商或咨询公司
2	预算执行小组成员	全面预算管理基本理论知识、项目管理与沟通技巧、系统流程与基本业务应用	软件供应商或咨询公司
3	系统管理员	数据库维护、数据备份、系统维护工作	软件供应商或咨询公司

3.系统试运行

预算管理信息系统运行期间难免会出现问题，因此在其正式应用于医院具体业务之前，要先试运行，并把运行检查报告递交医院管理层。测试的方式可以是临时组建试运行小组，小组成员都经过软件供应商或咨询公司的专业培训，了解系统的各种变化，能够有效地对系统故障进行解决。这样可以保证系统正式应用后，医院内部能够自行解决临时出现的问题。

4.系统运行维护

试运行结束，预算管理信息系统正式应用后，要保证系统的有效性，医院必须依靠自身组建预算管理人员队伍，可以通过组织医院内部定期培训的方式，逐渐扩大预算管理信息化人才队伍，使其掌握预算管理信息系统的操作方法。这就要求医院在系统运行初期就拟定完善的内部支持方案，制订书面的内部支持计划。

在系统运行期间，由于传统观念的存在，可能会存在一些问题。这时软件供应商需要派出专业人员进行一段时间的现场支持，并且帮助医院预算管理信息化人员熟悉系统的内部架构，提高他们解决问题的能力，使其逐渐减少对专业人员的依赖。在支持期间，专业人员还要对预算管理信息系统的信息处理能力进行定期检查，提交检查报告，以确保数据的准确性。

综上所述，如果成功实施预算管理软件，就会大大提高整个医院的核心竞争力和各部门间的协调能力，实现整个医院的业务流程重组。

第五节　医院成本核算信息化体系建设

一、医院成本核算的概念

医院成本核算主要以会计核算为基础，以货币为计算单位，是指医院在成本支出范围内，根据自身设定的管理和决策目标，将经营业务过程中所发生的各种耗费，按照核算对象进行归集和分配，计算出总成本和单位成本的过程。成本核算的正确与否，直接影响核算单位的成本预测、计划、分析、考核和改进等控制工作的成功与否，也对核算单位的成本决策和经营决策的正确与否有着重大影响。成本核算是医院科学管理的重要手段，是合理确定医疗服务价格、财政补偿的基础，也是完善医疗保险制度的重要依据。

二、医院成本核算对象的分类

（一）科室成本核算

科室成本核算是指将医院业务活动中所发生的各种耗费，按照科室进行分类，以医院末级科室作为成本核算单元进行归集和分配，计算出科室成本的过程。科室成本核算的目的是反映医院内部各个科室的成本效率情况，是医院整体财务核算的延伸和完善，也是医院进行项目核算、病种核算的前提条件。

医院的成本费用支出和各项资源的配置使用，如果涉及各个部门、科室和班组，成本费用及其对象的计算将不能一次性完成，必须经过归集、分配、再归集、再分配的过程，才能计算出相关成本。因此，医院进行科室成本核算，不但是控制成本、提高运行效率的途径，而且是开展责任单元绩效评价的基础，还为制定医疗服务收费标准及规范国家财政补偿办法提供了重要参考依据。

（二）病种成本核算

病种成本核算是以病种为核算对象，计算医院为某种疾病的患者从入院到出院所耗费的平均成本。实行病种成本核算有助于不同医院之间的费用比较，有助于确定病种收费标准和偿付水平，也有助于规范医疗行为，降低医疗成本费用。

病种成本核算通常以不同病种为核算对象，进行费用的归集和分配，计算各个病种项目总成本和病种单位成本。其核算的一般程序有如下两个方面。首先，确定病种；其次，将住院期间的成本费用按照单病种能直接计入的费用直接计入，不能直接计入的费用依据分摊系数分摊计入。

（三）项目成本核算

项目成本核算通常以各科室开展的医疗项目为核算对象，对其所发生的各项费用进行记录、归集和分配，计算其实际成本。

通常采用作业成本法作为各科室医疗成本服务项目的核算方法。在开展项目核算之前，需掌握该项目的操作流程，了解项目从开始到执行完毕整个过程所消耗的作业。例如，一个CT项目经过的作业流程包括开单、收费、预约、登记、检查、洗片、阅片、报告。

三、医院成本核算的四大要素

医院开展成本核算并不只是将成本作为核心内容，其涉及面较为广泛。首先，无论是在成本归集还是在成本分摊过程中，均需要采用一系列相关性较强的当量作为成本分配或分摊的参数；其次，需要对一系列的资源投入、成本效率的分析进行比较，以判断成本水平的合理性，进而为开展成本控制提供强有力的依据。因此，医院开展成本核算的要素可归纳为以下四大类：收入、成本、工作量、资源投入。

（一）收入

收入是指医院在开展业务活动过程中取得的业务收入和从事其他活动依法取得的非偿还性资金，以及从财政部门和主管部门取得的补助经费，包括医疗收入、财政拨款收入、科教项目拨款和其他收入。从开展科室、病种、项目成本核算的角度来看，需要进行细分核算的一般是医疗收入，即医院开展医疗服务活动取得的收入。根据核算对象的不同，收入可以划分为以下三类。

1.科室收入

科室收入以科室作为基本核算单元归集。一般来说，直接收治患者的是门诊科室和住院科室，医院向病人收取的费用可完整地归集在这两类科室中。

门诊科室收入指各科室为门诊患者提供医疗服务所取得的收入，包括挂号收入、诊察收入、检查收入、化验收入、治疗收入、手术收入、卫生材料收入、药品收入、药事服务费收入和其他门诊收入等。住院科室收入是指为住院患者提供医疗服务所取得的收入，包括床位收入、诊察收入、检查收入、化验收入、治疗收入、手术收入、护理收入、卫生材料收入、药品收入、药事服务费收入和其他住院收入等。

对于影像检查、医学检验、手术室等作为协作支持的医疗技术类科室而言，其所提供的服务内容明确且可独立收费，因此这些科室提供服务所产生的收入也可明确归集，体现为协作收入。

2.项目收入

项目收入指在一定期间内某个具体医疗服务项目发生的收费总金额。

3.病种收入

病种收入指在一定期间内归属于某个具体病种的所有患者发生的费用总金额。

（二）成本

医院成本是医院在开展医疗服务活动过程中发生的各种消耗的总和。

1.成本核算范围

成本核算范围指纳入成本核算范畴的支出。一般来说，成本核算范围包括如下内容。

（1）人员经费，是指医院业务科室发生的工资福利支出、对个人和家庭的补助支出。工资福利支出包括基本工资、绩效工资（津贴、补贴、奖金）、社会保障缴费等。对个人和家庭的补助支出包括医疗费、住房公积金、住房补贴、助学金及其他对个人和家庭的补助支出。

（2）卫生材料费，是指医院业务科室发生的卫生材料耗费。

（3）药品费，是指医院业务科室发生的药品耗费。

（4）固定资产折旧费，是指按照规定计提的固定资产折旧。

（5）无形资产摊销费，是指按照规定计提的无形资产摊销。

（6）按照规定提取的医疗风险基金。

（7）管理费用，是指医院行政及后勤管理部门为组织管理医疗、科研、教学业务活动而发生的各项费用，包括医院统一负担的离退休人员经费、坏账损失、银行借款利息支出、汇兑损益及印花税等。

（8）其他费用，包括办公费、水电费、邮电费、取暖费、公用车运行维护费、差旅费、培训费、福利费、工会经费等。

根据财政部制定的医院财务制度，为了正确反映医院正常业务活动的成本以及管理能力，在医院进行成本核算时，属于以下业务所发生的支出，一般不计入成本范围。

（1）不属于医院成本核算范围的其他核算主体及其经济活动所发生的支出。

（2）为购置和建造固定资产、购入无形资产和其他资产的资本性支出。

（3）对外投资的支出。

（4）各种罚款、赞助和捐赠支出。

（5）有经费来源的科研、教学等项目支出。

（6）在各类基金中列支的费用。

（7）国家规定的不得列入成本的其他支出。

2.成本核算分类

（1）根据成本核算目的，医院成本分为医疗业务成本、医疗成本、医疗全成本和医院全成本。

医疗业务成本是指医院业务科室开展医疗服务活动自身发生的各种耗费，不含医院行政及后勤管理部门的耗费、财政项目补助支出以及科教项目支出形成的固定资产折旧费和无形资产摊销费。

医疗业务成本=人员经费＋卫生材料费＋药品费＋固定资产折旧费＋无形资产摊销费＋提取的医疗风险基金＋其他费用

医疗成本是指为开展医疗服务活动，医院各业务科室、行政及后勤各部门自身发生的各种耗费，不含财政项目补助支出以及科教项目支出形成的固定资产折旧费和无形资产摊销费。

医疗成本=医疗业务成本＋管理费用

医疗全成本是指为开展医疗服务活动，医院各部门自身发生的各种耗费以及财政项目补助支出形成的固定资产、无形资产耗费。

医疗全成本=医疗成本＋财政项目补助支出形成的固定资产折旧费和无形资产摊销费

医院全成本是指为开展医疗服务、科研、教学等活动，医院各部门发生的所有耗费。

医院全成本=医疗全成本＋科教项目支出形成的固定资产折旧费和无形资产摊销费

（2）根据成本核算对象，医院成本分为科室成本、医疗服务项目成本、病种成本以及诊次和床日成本。

科室成本是指医院的科室在开展业务活动过程中所发生的各种耗费，包括本科室耗用的各项直接成本以及接受内部其他科室提供的服务所发生的成本。

医疗服务项目成本是指以临床服务类、医疗技术类科室开展的医疗服务项目为对象，归集和分配各项支出，计算出的具体项目对资源成本的消耗。

病种成本是指以病种为核算对象，按照一定流程和方法归集相关费用，计算出的各类病种的患者在接受诊疗的整个过程中对医院各项资源成本的消耗。

诊次和床日成本是以诊次、床日为核算对象，将科室成本进一步分摊到门急诊人次和住院床日上，从而计算出的平均每个出诊诊次的成本和床日成本。

（3）根据成本归集方式，医院成本分为直接成本和间接成本。

直接成本是指可以直接计入成本核算对象的成本费用，具体指为开展医疗服务活动发生的直接成本、直接计入的或采用按内部服务价格等方法计算后计入核算对象的成本。

间接成本是指部分无法直接计入成本核算对象的费用，按照一定原则和标准分配后计入核算对象的成本。

（三）工作量

工作量是指医院提供服务的数量，从医院的运行过程来看，其可分为外部工作量和内部工作量。外部工作量指医院服务患者的数量。一般来说，住院科室服务患者的数量包括出院人数、患者住院床日数，而门诊科室服务患者的数量是门诊量。内部工作量指医院内部不同类型的科室直接面向患者提供服务，或面向内部的其他科室提供服务而产生的服务数量。根据各类科室的业务性质，内部工作量可再进行细分。例如，影像检查科室的工作量指标有检查人次、检查部位数等，检验科室的工作量指标有检验项目数、检验标本数等，而后勤服务科室的工作量指标则可根据具体提供的服务内容确定。

核算不同类型科室的工作量在成本核算上意义重大。一方面，在将各种对内提供服务科室的成本向下一级科室进行分摊时，工作量是相关性较强的参数，准确核算工作量是准确核算成本的前提；另一方面，在进行精细化的成本管理时，将成本与工作量进行配比分析，有助于发现成本异常，有针对性地进行成本管控。

项目成本核算、病种成本核算、项目例次、项目消耗时间、病种例次、病种床日数等工作量数据都是重要的成本分配参数，也是对项目成本和病种成本进行分析的必要因素。

（四）资源投入

医院的资源投入包括人、财、物的投入。核算各类科室资源的占用情况分为两个方面。一方面，一些无法直接计入科室的成本和各种对内提供服务科室的成本分摊，可将对资源的占用数据作为相关性较强的分配参数。较为典型的是房屋面积和床位数，在没有安装独立水表、电表的情况下，采用房屋面积分摊水电费。另一方面，医院的资源是有限的，结合成本核算对资源效率进行分析，为医院的各项投入决策提供参考价值，同时作为资源投入绩效评价的重要衡量指标，可使资源投入价值最大化。

四、医院成本核算的原则

医院成本核算应当遵循合法性、可靠性、相关性、分期核算、权责发生制、按实际成本计价、收支配比、一致性和重要性等原则。

（1）合法性原则。计入成本的费用必须符合国家法律法规及相关制度的规定，不符合规定的不能计入。

（2）可靠性原则。医院要保证成本核算信息免于错误及偏差，信息要具有真实性、完整性、中立性和可验证性。

（3）相关性原则。医院成本核算所提供的信息应当符合国家宏观经济管理的要求，满足相关方面及时了解医院收支情况以及医院内部管理情况的需要。

（4）分期核算原则。成本核算的分期必须与会计期间一致，按月度、季度、年度核算。

（5）权责发生制原则。医院收入和费用核算、科室成本核算均应当以权责发生制为核算基础。

（6）按实际成本计价原则。医院的各项财产物资应当按照取得或购建时的实际价值（取得成本）核算，除国家另有规定外，一般不得自行调整其账面价值。

（7）收支配比原则。医院在进行成本核算时，应当按照"谁受益、谁负担"的原则，归集、分配各项成本费用，使各项收入与为取得该项收入的成本费用相配比，如某核算科室的收入与该科室的成本费用相配比，某会计期间的收入与该期间的成本费用相配比。

（8）一致性原则。医院各个会计期间成本核算所采用的方法、程序和依据应当保持一致，不得随意改变；若确有必要变更，则应当在财务报告中详细说明变更的原因及对医院财务收支的影响等情况。

（9）重要性原则。医院在成本核算过程中，对主要经济事项及费用应当分别核算、分项反映、力求精确；而对次要事项及费用，在不影响成本真实性的前提下，可以适当简化处理。

五、医院一体化成本核算信息系统的需求

医院成本核算的客观情况使医院必须通过信息系统才能实现成本核算的真实、准确、精细，从而提高成本核算的工作效率，改善成本管理的效果，可以说信息系统是成本核算的基础。建立一体化成本核算信息系统，使成本数据、成本消耗建立在自动的成本采集、传递、处理、分析基础上，可提高医院成本核算准确性和成本核算效率。医院一体化成本核算信息系统要满足下述需求。

（一）医疗服务项目成本核算应成为医院成本核算中最基础的业务单元

医院在成本核算时应该建立科学的信息系统，将医疗服务项目所消耗的材料、动力、人力、设备等一系列成本进行自动归集和分摊，把医疗服务项目作为成本归集最基础的业务单元，实现医疗服务项目成本核算的自动化，同时将医疗服务项目的人员操作时间、物资消耗、设备使用时间等，在信息系统建设时进行数据积累和流程固化。采用作业成本法的医院还应该在一体化成本核算信息系统建设中考虑作业划分并进行固化。

（二）科室成本核算和病种成本核算应建立在项目成本核算基础上

1.科室成本核算应以医疗服务项目成本核算为源头

科室成本核算应基于对科室所承担的医疗服务项目的科室识别，并将该科室间接成本进行归集，形成间接成本向项目成本的分摊，实现基于医疗服务项目成本的科室成本自动核算。

2.病种成本核算应以医疗服务项目成本核算为基础

建立一体化成本核算信息系统在病种成本核算的信息化需求上表现为两方面。一方面，需要有基于临床路径的标准医疗服务项目。基于临床路径的诊疗是病种成本核算的应用基础，在病种成本核算时，需要将该病种的临床路径细化在信息系统之中，以此作为诊疗的依据和病种成本核算的依据。另一方面，需要有基于医疗服务项目成本的病种成本归集路径。病种成本包含患者从进入医院到出院期间发生的所有耗费，在成本核算方面需要准确核算各项医疗服务项目及与治疗相关的药品耗材消耗，实现成本的自动归集核算。因此，病种成本核算应该以医疗服务项目成本核算为数据基础。

（三）建立一体化财务成本核算信息系统

建立一体化财务成本核算信息系统需要将成本核算信息系统嵌入财务核算系统，借助信息化手段将各类成本核算一体化，从而提高成本核算的合理性、准确性以及核算效率。

六、医院成本核算信息化建设对策

（一）加强医院信息系统的建设

医院需要将其管理所需要的信息系统（包括病案管理等医疗业务系统），耗材、药品等资产管理系统以及人事、财务等行政管理系统进行整合，统一与医院管理相关的各类数据字典，包括职工类别及代码编制规则、科室名称及编码规则、供应商名称及代码、会计期间及结账逻辑、明细科目及二级科目设置、作业划分及作业库划分、设备名称及代码、成本构成及编码等，以及各项成本指标、财务及考核指标等基本信息的编码、名称、定义等；将医院信息系统建立在统一规范的医院综合管理的基础资料信息（数据字典）之上，消除医院信息系统的信息孤岛现象，实现信息共享；通过理顺医院各部门之间的协同、管理与服务，借助信息集成平台实现信息自动交互，保证数据的完整性、一致性和可靠性。

（二）形成一体化的全流程闭环管理

一体化成本核算信息系统不但应建立在与成本核算相关的各类规范数据分类和数据字典的基础上，还应建立在各个业务数据接口及数据共享的基础上。例如，耗材需要明细核算数据，核算到最基础的收费项目和库存数量，实现耗材的采购、入库、领用申请、出库、消耗、应付款管理的全流程闭环管理，并与收费挂钩。同时，在项目收入方面要实现医疗服务项目数量来源基于医疗业务数据的共享，这样既可以减少成本核算的成本数据，又可以实现成本与收入的配比，防止收费中出现漏洞并有效监控成本信息。

（三）实现一体化的临床路径医疗服务项目构成

在建立一体化成本核算信息系统时需要固化标准的项目构成，考虑到疾病表现的复杂性，可以将常见并发症的项目构成作为选配模块进行勾选。在病种成本核算的设计阶段，一定要充分考虑系统的可延展性和可扩展性，预留充足的病种成本核算信息路径，将构成病种成本的标准医疗服务项目进行固化，实现根据项目成本核算数据，自动生成病种成本、患者成本、诊次成本、床日成本等成本数据需求，提高成本核算的效率。

（四）设置一体化的成本分摊依据

医院成本构成中一部分成本需要分摊，在一体化成本核算信息系统建设时，需要充分考虑成本分摊的依据并进行固化，留出持续改进的充足空间。

例如，人力成本是医院成本的重要组成部分，在人力成本核算的设置中，需要将提供医疗服务的医生的时间进行科学计量，而无法明确计量的时间则需要合理地分摊到相应作业中，因此需要设置科学的分摊依据。

同样，设备折旧也是成本的重要构成，从作业成本核算及管理的角度，应对设备使用落实"谁耗费资源，谁承担成本"的原则，将设备折旧费归口到相应的医疗服务项目上。这种分摊可以依据使用时间、使用当量、占用面积，或者以占用面积和使用时间两个维度进行综合确定的方法，进行系统设置，以使成本核算更为准确和细化。只有如此才能与管理职责挂钩，对设备使用部门的成本进行归集，找出成本管理的重点，更好地发现设备使用中的问题，发挥成本核算的管理作用。

　　总之，通过应用一体化成本核算信息系统，医院的成本核算能够变得更加便捷、可靠，实现项目、科室、病种及财务数据的共享，为医院成本管理提供科学、准确的数据基础。有效的项目成本核算数据可以为物价管理部门进行医疗服务价格限价的调整提供依据，有效的病种成本核算数据还可以为医保付费标准确定及院间比较提供数据基础。

第六节　信息化环境下的医院财务精细化管理

一、精细化管理的内涵

　　精细化是一种意识、一种观念、一种认真的态度、一种精益求精的文化。

　　精细化管理的定义是"五精四细"，即精华（文化、技术、智慧）、精髓（管理的精髓、掌握管理精髓的管理者）、精品（质量、品牌）、精通（专家型管理者和员工）、精密（各种管理、生产关系链接有序、精准），以及细分对象、细分职能和岗位、细化分解每一项具体工作、细化管理制度的各个落实环节。"精"可以理解为更好、更优，精益求精；"细"可以解释为更加具体，细针密缕，细人不捐。精细化管理最基本的特征就是重细节、重过程、重基础、重具体、重落实、重质量、重效果，讲究专注地做好每一件事，在每一个细节上精益求精、力争最佳。

　　精细化管理强调以下几个方面。①全面管理。管理要体现在医院的各个方面，无论是资产、财务，还是成本、动力，都要体现精细化。人力资源管理也存在精细化管理的要求，要做到人尽其才、人尽其用。②全员管理。精细应体现在每个职工的日常工作中，并依靠全体职工的参与来组织、实施各项管理和业务活动，其中涉及岗位职能的定量、复合，工作流程的标准化以及工作效果的最佳化。③过程管理。"精细"两个字体现在管理的各个环节之中，每一个环节都不能松懈、疏忽，应该做到环环紧扣、道道把关，也就是细节管理。

二、医院财务精细化管理的概念

财务精细化管理以"细"为起点，它的本质是以"精确、细化、深入、规范"为特征的全面管理模式。精细化管理理念以科学性为前提，所以医院管理层的决策和判断都需要有大量的材料和事实作为依据。医院可以通过细化和落实财务管理方法、深化财务管理内容、拓展财务管理范围，针对业务的特点，建立相适应的流程与规范，将财务管理与医院运营管理的各个方面相融合，实现财务管理低成本、高效率。医院财务精细化管理是医院在新医改的背景下，适应新形势并结合医院自身发展，基于医院内部财务管理方面的业务，改变传统粗糙式的管理方式，对财务管理活动所涉及的业务进行细分，从而实现医院财务管理的目标，提高医院财务管理的水平。财务精细化管理应用于医院需要全员参与，医务人员通过工作中的权责明晰实现职能化发展，各职能部门充分发挥专业优势，确保医院财务资源的高效配置和管理。

三、信息化环境下医院财务精细化管理的优化

（一）优化内容

1.管理目标

为实现信息化环境下医院财务精细化管理的目标，要对医院财务流程进行优化，分析财务管理过程中的每个步骤和具体内容，以传统财务流程存在的不足为切入点，统一业务与财务，动态了解资金情况，进行全面管理。

在此过程中，信息化环境下医院财务精细化管理的目标是，全面结合信息技术，建立起适合医院的财务精细化管理系统，对医院内部管理的各项工作进行细致划分，强调全员参与并在工作中实现权责清晰、降低成本、数据共享，提高医院财务精细化管理水平，从而实现医院健康发展的管理目标。在目标定位方面，医院应按照管理协同理论，以信息化为载体，以财务会计核算体系为基石，以全面预算管理体系为主线，以成本核算管理体系为抓手，以绩效管理体系为导向，建立"四位一体"的财务信息化平台；围绕数据共享这个核心，联合已有的业务系统，将业务、财务、管理的流程有机融合，为自身创造价值。

2.处理过程

医院在财务管理工作上除了需要从提高财务风险意识、加强信息化建设、加大财务管理工作执行力度、细化岗位职责等几个方面入手以外，还要在现有的财务管理结构基础上进行优化，并构建财务管理系统，将项目的具体内容、工作流程予以全面细化，将数据精细化到最小单位，下放数据指标及责任到各个科室，实现全员参与。同时，医院的财务精细化管理内容还要从数据采集、资产管理、成本管理、绩效考核管理以及全面预算管理这五个方面改进。医院要通过对这几方面的深入研究努力构建财务信息化平台，医院管理层和相关科室可以通过平台提供的查询、分析等工具及相关结果，实时掌握财务和经营状况，为不断加强医院财务管理和增强医院市场竞争力提供决策依据，也为医院今后更好地发展奠定基础。医院会计信息系统的数据生成流程是通过数据采集接口，从业务系统和人力资源、财务等管理系统中抽取数据，形成数据仓库，经过整理分析，为不同用户提供满足其需求的数据资料，并运用多维分析和数据调用、挖掘、填报等技术手段，最终生成数据客户端以及会计核算系统、成本管理系统、预算管理系统、绩效管理系统等。

3.方案实施

财务工作本身具有复杂性与重复性的特点，对于相关人员的工作精准度与工作量有较高要求。将信息技术引入财务管理工作，不仅能避免人们主观计算错误，还能促进工作效率的全面提升，顺利推进财务管理工作。一般而言，医院应用信息技术，能够具体统计和分析财务缴款与收费情况，与此同时，还能够对药品库存、入库、出库等情况进行研究，实现医院财务管理工作的精细化和现代化。就信息化环境下的医院财务精细化管理组织而言，其思维体系包含以下几个方面：收集整理医院财务管理数据，要从最基层开始，以垂直的方式开展，与此同时，要避免中间加工处理数据；要借助业务工作模块，及时处理医院相关业务，在数据库中保留相应的处理资料，确保全部数据均汇聚到同一渠道中；管理人员要立足信息化建设的视角，针对医院财务精细化管理要求，制定完善的策略，与此同时，数据分析人员也要立足各方面需求，对不同结果进行调整；利用权限等级，不仅要精细化管理财务数据资料，达到有效的控制、执行、组织目的，也要促进医院财务管理信息化体系的形成，全面提高业务运作的精细化程度。

（二）优化方案

为更好地进行医院的财务精细化管理信息化建设，需要构建一个管理会计信息化框架，这个框架主要由六个子系统组成，它们分别是财务管理系统、会计决策支持系统、全面预算系统、标准成本系统、存货控制系统以及业绩评价系统。通过财务管理系统可以实时分析医院的财务经营状况，对财务信息进行再处理，这有助于医院管理层获取有效的数据信息。会计决策支持系统是通过群体决策支持系统、智能决策支持系统、数据仓库和数据挖掘这四项技术，实现会计决策的智能化。全面预算系统指运用多维数据库技术，全面分析医院的整体情况，并实时监控各个计划单元的进度，对计划进行及时的调整与修正，从而做出科学的预算分析。标准成本系统是通过监控资源使用效率制定适合的投资策略，同时分析出不同耗材的成本增长点，精确计算耗材成本组成的各个要素的比例，从而使成本控制更加科学有效。存货控制系统指通过系统化的存货控制、分析、优化措施，协调整个组织的生产绩效、销售情况以及存储成本，形成科学的存货管理体系，为医院存货管理提供合适的方案。业绩评价系统是将平衡计分卡的原理嵌入信息化操作流程，设定绩效评价总体目标、部门业绩指标以及个人业绩指标，从而实现定义、生成及输出业绩评价报告等功能。通过各个子系统之间的相互协调，可以实现数据资源共享，共同为医院的经营活动做出贡献。

1.财务数据采集精细化管理

（1）财务基础数据信息化入账。医院的主营业务收入数据信息采取自动的方式入账，平时的医疗业务收入数据借助医院信息系统（Hospital Information System，HIS）得到收入项目汇总报表。但HIS和大多数财务系统之间是没有联系而独立存在的。首先，要想保证财务记账时的科目和HIS日结报表中的项目相对应，就必须对项目的科目进行分类整理。其次，需计算机室工作人员做接口，以自动的方式生成日结报表。最后，财务人员在HIS中每日核对日结报表数据，导入ERP，并在月底编制月结收入汇总表。

另外，医院主营业务成本中的耗材成本、药品成本等成本数据也可以通过自动结转的方式入账。科室较多的医院将项目细分之后，就可以减少手工录入的机会，改变传统的出库入账方式，形成科室成本结余，达到自动结转主营业务成本的目的，有利于医院进行财务精细化管理。

（2）自动获取各项财务数据信息。对于动力费、电费、银行收取的手续费、网络通信费、固定话费等，不需要财务审核，只需要签订第三方协议，银行就可以直接扣款，财务人员可以在公务卡还款系统与网上银行提取收付款单位名称、收付款金额及备注信息，下载整理后导入财务管理系统，结合业务内容与性质，选择对应的会计科目，按照格式规范化要求，自动提取信息形成摘要、生成凭证，提高工作效率。

（3）财务报销平台建设。医院可以通过财务报销平台以自动的方式，将网上报销审批表的业务事项进行抓取，依据表中的具体业务，将凭证需要的要素提取出来，并自动生成凭证。报销人员在指定平台上填写报销单的具体信息，然后提交申请并打印报销申请单，将申请单及相关票据和文件、合同等原始凭证资料一起提交负责审批管理的主管部门和主管领导批示，审批人必须签名。财务人员根据报销单编号，提取报销资料并审核，财务部门主管签字认可后，出纳人员以银行转账方式报销。报销人员完成报销流程后，想了解后续情况也可以登录系统来查询报销处理进程。在审批管理和反馈平台上，报销资料会自动转到主管领导和科室负责人审批界面，主管领导和科室负责人依照报销管理的相关制度，签署审批意见并进行电子签名。审批过程结束后，系统会自动提示报销人员审批结果，从而节省报销时间，提高财务工作效率。

（4）各个系统实现数据快速传输。医院出台的政策和文件，要及时在院内系统上发布，使员工能够便捷地查询和了解各项新政策。医院内部的所有环节都需要精心设计，包括采购和领用低值易耗品、计提固定资产折旧、摊销费用、计算工资、核算存货、采购和领用物资等业务，这些都与财务管理有直接关系。财务管理系统要对接各项业务活动，快速、精准地传递数据信息，以全面提升医院财务管理工作的效率，促进财务精细化管理朝着管理精细化、业务精细化的方向深入发展。

2.医院资产精细化管理

首先，使用科室提出资产购置申请，经医院管理层批示，由设备科进行审核，组织医院管理者及相关部门负责人员召开采购招标会确定供货商，然后将购置的固定资产贴条码和登记，随后财务部门完成固定资产登记。这其中如果发生资产变动，则由使用科室提出资产变动申请，由设备科完成实物资产日常变动登记，同时财务部门完成固定资产日常变动和计提折旧等相关工作。其次，使用科室提出固定资产维修申请，由设备科对其申请的固定资产进行维修，需要报废的则申请报废，设备科人员配合完成资产报废工作。在上述工作过程中，需要建立的单据文档包括实物资产卡片、各种条码、固定资产卡片、固定资产其他变动文档、计提折旧凭证、资产变动单、资产维修单、资产盘存单以及资产报废申请单。

在精细化管理的过程中，医院能够了解固定资产管理的整个生命周期，固定资产在系统中都能有对应的电子信息，资产折旧、变动也都能记录在系统中，这将有利于医院强化资产管理工作。

3.医院成本核算精细化管理

医院成本核算精细化管理的特点包括全员化、职能化、过程化、标准化这四个方面。其中，全员化是指医院的财务管理内容已不是财务人员的专职责任，而是要求每个科室、每名员工都有成本管理控制的责任，明确成本精细化管理的重要性，这样有利于财务部门对医院各个经营环节进行统一整合与监管。职能化主要是对医院的部分财务项目进行分解和控制，以保证职能部门发挥其专业优势，从而达到降低成本目的。过程化是指不同的时期需要配备不同的成本控制措施。医院成本核算精细化管理并不应该局限在某一个时期，不能只重视收支情况，要将管理的重心放在成本发生的整个过程中。标准化要求制定一套科学、合理、有效的管理标准，确保在工作中能够按照统一的标准，实现对成本的预测、分析、核算等。

医院要在确保医疗服务质量的基础上，通过培养医院工作人员的成本管控意识，建立成本核算系统，减少工作中的差错，有效节约医院的成本，以较少的投入获取较大的收益，促进医院的持续发展，增强医院的核心竞争力，这是实现医院财务精细化管理的基本目标。

在新医改的背景下，医院管理者应当高度重视成本控制，并要求财务人员具体负责成本核算，其他各部门积极配合，进行分工合作；要对医院各部门、各项目的核算目标进行细化，对各个环节的人、财、物的消耗进行详细计量，对医院各个病种成本、床日成本、诊次成本等进行仔细分析，逐级分摊。在实行集中核算的过程中，各科室要对原始资料进行登记，填报各科室的成本核算凭证，并进行汇总，构成医院的总成本；通过对医院成本的核算、控制、考核，成本报表的编制与分析，方便管理者全方位了解医院的经营情况，使得医院整个管理体系得到不断改善，最终提供准确的数据信息。

药品耗材成本占医院总成本的比重较大，分管院长要明确各个部门的责任，构建健全的存货成本核算体系，对不同的存货做到合理分类，并按照规定项目程序，对存货资金进行准确计算，从而有效控制存货经济批量。另外，通过成本核算系统中的预警功能，医院可以快速了解成本过高的情况，及时采取有针对性的成本控制措施，为医院的管理和决策提供服务，实现医院资金保值增值。

4.医院绩效考核精细化管理

医院要想实现绩效考核精细化管理，就要完善内部绩效考核制度。绩效考核范围包括职能处室、业务部门、综合临床科室、康复临床科室、康复治疗科室与医技科室六个板块。医院要建立专项绩效考核小组，直接领导是党委书记、院长、副院长，考核小组成员为各科室负责人，每月由绩效考核办公室组织召开部门绩效考核与总结会议进行会议考核。职能处室与业务部门板块的考核采取院领导评分与职能处室、业务部门负责人互评相结合的方式进行，其他四个板块由四个绩效考核小组组成，院领导担任组长，考核小组每三个月轮换一次，以达到绩效考核精细化管理的目的。

在绩效管理的过程中需要上级和下级不断交流，下级每月进行工作汇报，根据医院科室综合管理客观评价指标体系，每月由职能处室与医院科室专人收集整理意见，秉持认真负责、公平公正的原则进行双向客观评价。绩效考核办公室在规定时间内统计出结果，并反馈给绩效考核领导小组及部门负责人，以便及时做好整改工作。因此，绩效管理系统的重点工作思路就是不断改进绩效，对绩效管理情况进行动态跟踪和随时反馈，并通过完善绩效管理制度、绩效考核制度，明确医院战略发展目标、绩效管理责任、绩效管理组织等达到建成医院战略性绩效管理体系的目的。

在完善内部绩效管理、考核制度的基础上，医院可以采用层次分析法建立医院的财务信息化绩效评价指标体系，对职能处室、业务部门及各科室合理设立指标权重，根据指标权重的重要程度、指标赋值进行判断，根据指标权重的计算公式，得出医院平衡计分卡中财务资源层、业务流程层、患者维度层、学习与成长层的权重占比，通过实验来构建指标评价的模型，或者将医院平衡计分卡与信息技术相结合，通过平衡计分卡的软件来管理，将四个层面信息化，使用户同时在线提交数据没有限制，对安全系统准予进入的角色进行设计，以便快捷查询相关信息，以此为医院财务信息化精细化管理提供科学依据，提高医院运营管理能力与财务水平，使医院实现战略性精细化管理目标。

另外，在绩效管理体系中，绩效工资分配制度是在兼顾公平、效率优先、多劳多得、少劳少得基础上构建的。绩效管理原则是收支配比，依据工作量计算科室收入，依据科室成本细化分摊全成本，充分考虑到行政人员、护理人员、科主任、技师、医生等相关人员，设计医院员工薪酬分配的具体方案。

四、医院财务信息平台建设

在信息化快速发展的时代，医院财务管理的精细化只靠会计核算、资产管理、成本管理、绩效考核管理、全面预算管理这几个部分的改进是不够的，医院还要建立一个以会计为核心、预算为主线、成本为目标的，HIS与人力资源信息系统提供数据支持的，以绩效为杠杆的财务信息一体化平台，涵盖医院各个方面的业务，打破传统财务模式。通过这个平台医院能够及时获取各项业务的数据指标，以便进行数据信息的各项分析，与医院HIS收费结算、人力资源工资薪酬、药品材料、报销等系统精准对接，自动提取各个系统相关的信息，减少手工操作。另外，财务信息平台可以落实全面预算管理的每个环节，强化事前、事中、事后实时性的监管，从而提高医院科学化、精细化的工作水平，实现数据共享，有效控制成本。财务信息平台建设，首先，要进行软件平台的设计，通过研究管理会计转型中可能遇到的信息化问题，制定相应的对策，并以需求为导向开发软件中的功能。其次，要进行系统化设计，在医院管理者的高度重视下，通过招标寻找软件公司合作，开发软件平台，通过标准化数据接口，构建集软件平台、网络信息传输、数据仓库存储为一体的综合系统，并要求软件公司结合医院管理的实际情况，确保财务管理内容符合国家的政策法规；精准理解医院的管理思路与各项需求，在前期充分调研之后进行设计，既保持各个系统相互独立运行，又保证在大数据的全样本分析模式下完成各系统无缝对接、数据快捷传递、信息实时共享，从而发挥"信息共享、业务协同、决策支持"等信息化建设价值。医院财务信息平台简易设计架构如图6-5所示。

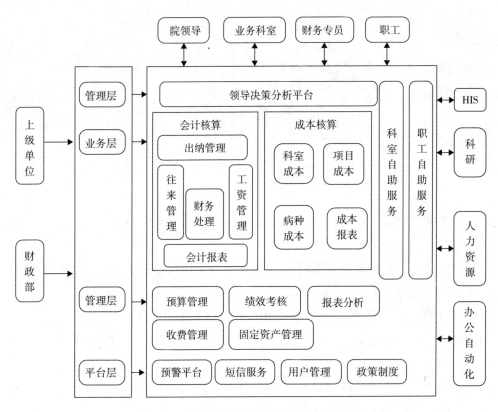

图6-5　医院财务信息平台简易设计架构图

　　准备阶段要求全院职工都积极配合平台的建设。这个过程是很漫长的，需要医院管理者从全局角度出发，有决心和信心支持平台的建设。各科室之间要相互协作，积极与软件公司沟通自己的需求，并提供相关原始数据支持，保证与各个系统对接时获取的数据源具有完整性、准确性与安全性。这时特别需要计算机部门的专业技术人员来严格把关，尽量减少无效开发和浪费。在平台前期建设时要注意标准化与规范化，这将影响平台今后的运营。要将财务与各项业务纵向结合，如应对资产数据的名称、规格型号及分类有统一的标准定义，科室层级名称也要规范定义，门诊、住院的收入、成本归集与分摊方法口径必须统一等，保证管理流程通畅。同时，财务人员要从传统会计向管理会计转型，充分了解医院业务管理工作，熟练运用计算机，并定期参加培训，拓宽知识视野，提高专业与管理的能力。所以，财务信息平台建设是医院未来发展的必经之路，是一个重点工程，也是医院实现科学化、精细化、规范化管理的基础。

参考文献

[1] 罗斌元，李晨．人工智能财务分析体系：构建与应用 [J]．现代企业，2022（4）：171–172.

[2] 赵大春．人工智能背景下财务会计向管理会计转型研究 [J]．中国乡镇企业会计，2022（3）：114–116.

[3] 韩晓怡．人工智能在智能财务中的应用 [J]．纳税，2021，15（35）：41–43.

[4] 陈贤．人工智能时代财务会计向管理会计转型研究 [J]．财会学习，2021（16）：5–7.

[5] 李克红．人工智能视阈下智慧财务管理模式架构研究 [J]．会计之友，2020（5）：59–62.

[6] 胡明．智能财务管理应用研究 [J]．会计师，2021（16）：53–56.

[7] 傅元略．数字经济下财务管理理论变革与财务智能体理论 [J]．财务与会计，2021（12）：8–12.

[8] 刘梅玲，黄虎，佟成生，等．智能财务的基本框架与建设思路研究 [J]．会计研究，2020（3）：179–192.

[9] 沈捷，刘赣华，刘慧宇．人工智能技术在企业财务管理中的应用 [J]．合作经济与科技，2018（20）：126–127.

[10] 朱莉菲．谈行政事业单位财务管理内部控制的现状及建议 [J]．财会学习，2022（10）：143–145.

[11] 彭博．行政事业单位财务管理的重要性与风险控制策略分析 [J]．老字号品牌营销，2022（4）：145–147.

[12] 陆佳．从财务管理视角思考行政事业单位固定资产管理改革 [J]．质量与市场，2022（1）：10–12.

[13] 姚素媛.行政事业单位财务管理内部控制建设与风险防范策略探究 [J]. 中国乡镇企业会计，2020（11）：176–177.

[14] 王彦.行政事业单位财务管理信息化建设研究 [J].行政事业资产与财务，2022（1）：24–26.

[15] 匡祥华.A 集团基于信息化系统的资金管控 [J].财务与会计，2017（23）：44–45.

[16] 隋慧.基于信息化控制下的国有集团资金集中管控：以 X 集团为例 [J].财经界，2016（32）：120.

[17] 倪旭.加强我国企事业单位信息化资金管控的必要性：以行政事业单位为例 [J].商业文化，2014（27）：127–128.

[18] 宋辉.数字化智能时代企业全面预算管理体系的设计实施与推广 [J].国际商务财会，2021（15）：81–83.

[19] 刘晓钰，东海.人工智能和大数据时代背景下的财务管理新思路 [J].现代商业，2020（6）：152–155.

[20] 李良仁，何世鼎.信息时代下管理会计智能化应用的现状及问题分析 [J].商业会计，2018（7）：47–49.

[21] 呼鹏，夏晨淞.论施工企业成本管理信息化的应用及建设 [J].科技资讯，2021，19（29）：89–91.

[22] 温加红，侯雪筠.信息化下企业成本管理研究 [J].经济研究导刊，2021（1）：57–59.

[23] 叶昌隆，刘雪飞.信息化环境下的企业成本管理探讨 [J].当代会计，2018（3）：16–17.

[24] 毛冬.信息化对企业成本管理的影响 [J].企业改革与管理，2015（4）：17.

[25] 李镇.医院财务管理信息化建设现状及发展对策探析 [J].中国乡镇企业会计，2022（2）：154–156.

[26] 袁苾荃.大数据时代下医院财务管理信息化建设路径分析 [J].当代会计，2021（21）：46–48.

[27] 吴强，罗晓霞，李恒，等.构建医院财务管理信息化建设路径探索 [J].中国卫生经济，2021，40（5）：80–83.

[28] 吴强，李恒，罗晓霞.构建医院财务管理信息化建设路径的意义 [J].财会学习，2021（7）：19–20，23.

[29] 李娜. 智能时代企业的预算管理研究 [D]. 北京: 北京服装学院, 2020.

[30] 朱渊渊. 医院财务管理信息化的改革研究: 以 A 集团医院为例 [D]. 昆明: 云南师范大学, 2015.

[31] 孟国强. 医院财务管理信息化研究 [D]. 西安: 第四军医大学, 2010.

[32] 刘娟. 基于战略成本管理的中小企业信息化研究 [D]. 武汉: 华中科技大学, 2004.

[33] 吴践志, 刘勤. 智能财务及其建设研究 [M]. 上海: 立信会计出版社, 2020.

[34] 刘赛, 刘小海. 智能时代财务管理转型研究 [M]. 长春: 吉林人民出版社, 2020.

[35] 段顺玲, 李灿芳. 财务管理 [M]. 北京: 北京理工大学出版社, 2020.

[36] 韦绪任. 财务管理 [M]. 北京: 北京理工大学出版社, 2018.

[37] 韩军喜, 吴复晓, 赫丛喜. 智能化财务管理与经济发展 [M]. 长春: 吉林人民出版社, 2021.